C000133845

Für meinen Kumpel Olaf!
Nach einer schweren Kopfverletzung
kämpfte er sich in bewundernswerter Weise
zurück ins Leben. Zum Sprachtraining mit seiner Logopädin
wählte er Texte aus diesem Büchlein.
Wahre Helden tragen keine Capes.

Bernd Peter Marquart

Von Menschen, Menschinnen und Diversen

Satirische Gedichte … und mehr

Mit Illustrationen von

Bernd Peter Marquart und Sarah Stepien

© 2019 Bernd Peter Marquart, M.A., Dürmentingen
Kontakt: bpm@onlinehome.de

Umschlag, Titelillustration: Bernd Peter Marquart

Illustrationen: Bernd Peter Marquart und Sarah Stepien

Verlag & Druck:
tredition GmbH
Halenreie 40-44
22359 Hamburg

ISBN:
978-3-7482-6824-6 (Paperback)
978-3-7482-6825-3 (Hardcover)
978-3-7482-6826-0 (e-Book)

Das Werk, einschließlich seiner Teile, ist urheberrechtlich geschützt. Jede Verwertung ist ohne Zustimmung des Verlages und des Autors unzulässig. Dies gilt insbesondere für die elektronische oder sonstige Vervielfältigung, Übersetzung, Verbreitung und öffentliche Zugänglichmachung.

Inhalt

„Och neee, bloß keine Lyrik!"

Ich bin glücklicher Vater dreier wundervoller Kinder und als ob das nicht schon genug wäre, interessieren sich meine Lieben auch noch für das schreibende Schaffen ihres Familienoberhauptes. Als kürzlich mein Sohn hereinschneite und mich die Laptop-Tastatur traktieren sah, entstand folgender, bezeichnender Dialog:

Sohn: Hey Paps! Na, wieder mal kreativ?

Ich: Hi Kumpel! Jap, so gut ich ´s eben vermag.

Sohn: Theaterstück oder Erzählung?

Ich: Lyrik.

Sohn: Gedichte? (*distanziert*) Echt jetzt! Liest das heute noch jemand?

Ich: Ja, warum nicht?! Komische, satirische Lyrik macht doch jedem Spaß. Magst ´was hören?

Sohn: Och neee, bloß keine Lyrik, lass mal stecken! In der Schule [...]

Nun möchte ich keineswegs in diese abgegriffen-geistlose Schul-Bashing-Kerbe hauen, aber leider kommen die Schulen bei der Vermittlung der Lyrik-Lust wirklich nicht besonders gut weg. Es scheint, als ob der Vermittlung von Metrik, Form- und Stilanalyse – mit unaussprechlichen rhetorischen Figuren – mehr Aufmerksamkeit geschenkt wird, als der schönen Aufgabe, die pure Lust auf Gedichte zu wecken und zu fördern.

Unsere schöne Sprache kennt zwar die wundervollsten Liebesgedichte – über Jahrhunderte entstanden – doch zum Einstieg empfehle ich den Humor. **Komische Lyrik** gibt es reichlich.

Mein Tipp: Schnappt euch den Wilhelm Busch-Band, der irgendwo im Haus rumgeistert, erfreut euch an Erich Kästner, Christian Morgenstern, Bertolt Brecht oder am großartigen Eugen Roth.

Habt Spaß! Lest witzige Passagen laut vor, denn das steigert die Lust … und genießt den Rhythmus, denn Gedichte leben von der Melodie, der Emotion, von sprachlichen Experimenten und von einer schier unerschöpflichen Vielfalt.

Lyrik ist nicht unzeitgemäß oder veraltet. Slam Poetry ist Lyrik!

Oder schmökert in diesem Büchlein, das ihr soeben in Händen haltet. Ihr werdet aktuelle, moderne Themen finden und neue Sichtweisen darauf entdecken. Oben habe ich beispielsweise das Wort „Bashing" verwendet, obwohl ich Anglizismen noch weniger mag, als Wasser in den Schuhen. Darum mein Lesetipp: „*Das ING-Ding: Echt zum Verzweifling*".

Schmunzelt über den „*Supergigalativ*", lächelt über den „*Krokant-Elefant*" oder lasst euch vom „Genderwahn" amüsieren, denn Lyrik soll Spaß machen! Und solltet ihr Lust auf eine ungewöhnliche Weihnachtsgeschichte verspüren, so empfehle ich euch „*Die Christmettenflatulenz*".

Übrigens lassen sich kleine Gedichte wunderbar zitieren und sagen oft mehr als tausend umständliche Worte. Sollte sich beispielsweise eine Freundin, ein Kollege oder ein Familienmitglied mal wieder über Kleinigkeiten aufregen und das Positive der Sache geflissentlich übersehen, so trumpft mit Eugen Roth auf und rezitiert sein Gedicht „*Sprichwörtliches*":

„*Ein Mensch bemerkt mit bitterm Zorn,*
Dass keine Rose ohne Dorn.
Doch muss ihn noch viel mehr erbosen,
Dass sehr viel Dornen ohne Rosen."[1]

Philosophisch, eloquent und zugleich witzig. Was will man mehr?!

---

[1] Roth, Eugen: Sämtliche Menschen. München: Carl Hanser Verlag (1983), S. 35 (Rechtschreibung aktualisiert: von ß zu ss).

In diesem Band findet ihr auch einige **Zeichnungen**. Acht davon stammen von Sarah, einer „Abiturientin" aus Nizza. Sie zeichnet fürs Leben gerne, möchte später Design studieren und präsentiert euch hier ein paar Kostproben ihres Könnens.

Die übrigen 21 Zeichnungen habe ich für euch geschaffen.

Und nun, viel Freude beim Schmökern und herzliche Grüße,

Euer Bernd

1

Von Menschen, Menschinnen und Diversen.

Satirische Gedichte

Über die Satire

Der deutsche Schriftsteller und Journalist Kurt Tucholsky (1890 – 1935) war ein begnadeter Satiriker und Gesellschaftskritiker der Weimarer Zeit.

Sein Zitat „**Was darf Satire? Alles!**" ist noch heute in aller Munde.

Aber stimmt das wirklich? Darf Satire alles?

Selbstverständlich nicht. Vermutlich hätte sich Tucholsky selbst gegen die wortwörtliche Auslegung seiner gezielt provokativen Aussage verwahrt. Eine intelligente Differenzierung war und ist erforderlich.

Die literarische Satire wurde früher auch gerne als Spott- und Strafdichtung bezeichnet. Unsitten, Missstände und kritikwürdige Ereignisse, aber auch Personen und deren Anschauungen, wurden und werden von den Satirikern literarisch verspottet. Die zumeist missbilligende Darstellung beabsichtigt mittels Übertreibung eine **Entlarvung** des als schlecht und ungesund empfundenen Verhaltens oder Sachverhaltes. Die Satire ist daher oft laut und polternd, da die Kritik möglichst effektvoll und in weiten Kreisen gehört werden soll. Das Kritisierte soll der Lächerlichkeit preisgegeben werden oder sogar Entrüstung und Verachtung hervorrufen. Die Satire ist sozusagen der neuzeitliche Pranger auf dem Marktplatz der Literatur, der öffentliche Schandpfahl, an dem der im Text Verurteilte – ohne faire Verhandlung – strafend vorgeführt wird.

Die literarische Satire gibt es in allen Tonlagen und Schärfegraden, von liebenswürdig-heiter bis zornig und aggressiv.

Der Autor des vorliegenden Büchleins bekennt sich klar zur ironisch-heiteren Satire und verzichtet auf didaktisch-belehrende Tendenzen, da er sie als unzeitgemäß erachtet. Seine Verse kritisieren subtiler, leiser und ohne aggressive Vernichtungsabsichten.

„*Marquart, dein Satire-Schwert ist stumpf!*", mag nun mancher monieren, worauf dieser entgegnet: „*Oh, ich habe gar kein Schwert. Auch keine Sense, mit der ich alles Unliebsame radikal niedermähen kann. Ich habe lediglich einen Spiegel und einen kleinen Pikser. Sich als Leser im satirischen Spiegel wiederzuerkennen und zugleich ein klein wenig gepikst zu werden, halte ich für angemessener. Selbstreflexion funktioniert per Spiegel besser, als mit dem Holzhammer. Außerdem würze ich meine Texte gerne mit Humor, sodass der Leser zuweilen über seine eigenen Unzulänglichkeiten lachen kann.*"

Berechtigte Kritik ist wichtig und gut dosierter Spott darf sein. Unser Grundgesetz garantiert die Freiheit der Kunst sowie die freie Meinungsäußerung. Doch Gotteslästerungen, böse Verunglimpfungen (von Religionsgemeinschaften, Institutionen oder Personen) und üble Beleidigungen sollten unter dem Deckmantel der Satire keinen Schutz finden können.

Marquartsches Satire-Credo:

Mein Ziel ist es, in ironisch-witziger Form die Lächerlichkeit und Kritikwürdigkeit der "angeprangerten" Themen und Sachverhalte mittels Spott und Übertreibung vorzuführen. Dabei darf die Satire jedoch nie ihre Leichtigkeit verlieren und weder Autor noch Leser sollten sich von dem Dargestellten distanzieren, sondern sich selbst stets als Teil des Ganzen begreifen. Der Gesellschaft den Spiegel vorhalten (und auch sich selbst im Spiegelbild zu erkennen), ohne anzuklagen, ohne erhobenen Zeigefinger, ohne Oberlehrergehabe, dafür aber mit viel Ironie, einer großen Portion Selbstkritik und gerne auch einer Prise sarkastischem Hohn … das kennzeichnet meine Satire.

Viel Spaß damit!

18

Von Menschen und Menschinnen ... oder ...
Wenn sein Sein scheint Schein zu sein

Eine Hommage an den wunderbaren
und unvergesslichen Eugen Roth

Vom Streben nach Glück

Ein Mensch, überzeugt davon und drauf bedacht,
dass **Geld** alleine glücklich macht,
scheffelt Millionen auf der Bank
und wird mit sechzig davon krank.

Dann stirbt er einsam und verlassen.
Da er den Zaster nie konnt' verprassen,
erbt Papa Staat den Lebensschatz;
so war denn alles für die Katz.
Was der Mensch gespart in seinem Leben,
hat der Fiskus ruckzuck ausgegeben.

Der Mensch hat leider nie kapiert,
dass Glück ganz anders funktioniert:
Fortuna kehrt gern bei den Leuten ein,
doch mag sie **unter Menschen** sein.

Vom Streben nach Glück

Der Suchende

Ein Mensch, ein Leben lang beflissen,
zu sammeln möglichst großes **Wissen**,
erkennt am Ende seines Strebens,
dass all die Suche war vergebens.

Im Meisterlevel angekommen,
entlarvt er plötzlich schockbenommen,
dass all sein Wissen ist nur Schein …
Und fühlt betrogen sich und klein.

Am Folgetag mit neuem Glück
geht er die letzte Stuf' zurück!

Der Mensch genießt den Ruf als Weiser
und ist doch bloß ein Selbstbescheißer.
Und von der großen Wissenssuche
liest man in seinem neuen Buche.

Und die Moral von dem Gedicht:
Das letzte Ziel erfüllt dich nicht.
Willst du die Suche als Erfolg genießen,
musst du zur rechten Zeit sie schließen.

So mancher hat den Ruhm vergossen,
weil übers Ziel hinausgeschossen!

Vom Altwerden und Altsein

Ein Mensch, vom Leben reich verwöhnt,
der vielen teuren Hobbys frönt,
gesund ist, smart, klug, sportlich schlank,
mit vollen Konten auf der Bank,
wünscht sich nichts mehr als **langes Leben** …
Juchhe, welch Glück, ihm war's gegeben!

Der Mensch in seinen späten Jahren
verfällt in Eitelkeitsgebaren
und wirft sein Geld für Schönheitssachen
der Beauty-Industrie in Rachen:
Haar verpflanzen, Fett absaugen,
Lasern in und um die Augen,
Hintern liften, Lippen spritzen,
täglich noch im Fitness schwitzen.

Zum Schluss hat alles keinen Zweck:
Geld und Gesundheit waren weg!
Ach, traurig ist das End' vom Lied,
als er mit siebzig arm verschied.

Und die Moral von dem Gedicht:

Den Alterskampf gewinnst du nicht.

O Mensch, du paradoxe Kreatur,

begreifst du nicht die Lebensuhr?

Versuchst mit allergrößter Pein,

alt werden ohne alt zu sein!

Die Diva

bpm

Ein Mensch, 'ne Menschin, um genau zu sein,
wollt' einstens hoch hinaus und immer weiter;
bis zur Schwelle des Olymps und auch hinein,
träumt „das Mensch" von der Karriereleiter.

Dem Traume folgen Taten nach,
mit Fleiß und Ehrgeiz – auch Talent –
fördert man, was einst lag brach …
Bis man sie schon im Landkreis kennt.

Von schönem Wuchs und gut bestückt,
sinnlich betörend und auch leicht lasziv,
steigt sie empor, da alles glückt,
entrinnt dem dörflich Nichts und seinem Mief.

Die Bühne weckt viel Leidenschaft,
Familienwünsche stehn schachmatt,
denn mit Verzicht und voller Kraft
geht's bald schon in die große Stadt.

Adieu Provinz! Leb wohl, du Graus,
nun werden Träume endlich wahr:
im Spotlicht in die Welt hinaus,
vom Niemand zum begehrten Star.

Ihr Stern geht auf, steht im Zenit.
Sie erntet Glanz und Reverenz.
Und groß sind Luxus und Profit,
doch größer noch ist Konkurrenz.

Die folgt fortan auf Schritt und Tritt,
im Bund mit Neid und Eifersucht.
Die Diva, einsam wie ein Eremit,
ertränkt die Jugend in der Sucht.

Der Mensch müht sich um Ruhm und Ehre
und wünscht, dass er ein Promi sei.
Am Ziel entdeckt er gold'ne Leere,
denn der Olymp ist menschenfrei.

Und so thront er, abgehoben,
die große Welt wird klein und kleiner.
's ist doch unmöglich – selbst betrogen –
zu sein wie jeder und sonst keiner.

Der misanthropische Philanthrop

Ein Mensch von grade **zwanzig** Jahren,
der ist sich unbeirrt im Klaren,
dass unsre Welt des Paradieses
die beste sei, und rät: „Genieß es!"
Als Pazifist und sehr sympathisch,
aufgeklärt und demokratisch,
erlebt er pures Erdenglück,
als Mensch, des Schöpfers Meisterstück.
Aktiv in jedem Ehrenamt,
Sozialprojekten allesamt,

ist unser Mensch ein Musterknabe,
ein Freund, ein Helfer, eine Gabe:
von Leibniz die Philosophie,
von Händel Freud und Harmonie,
verständnisvoll und voller Lob,
ein Optimist, ein Philanthrop.

Derselbe Mensch mit **sechzig** Jahren
ist sich ganz anders nun im Klaren:
An Mutter Erde klebt der Mensch wie Zecken
und sorgt für Chaos, Müll und Schrecken.
Die Politik wird immer schlimmer,
den Philosophen glaubt er nimmer,
selbst Leibniz geht ihm auf den Keks,
er ist stets einsam unterwegs.
Auch musikalisch gibt's nur Händel,
Disharmonie am langen Bändel.
Kurz: ein Misanthrop von erstem Rang,
sieht überall nur Untergang.

Das mag den Leser irritieren,
der weiß nicht, wie nun reagieren:
„Was ist nun wahr, wer hat hier Recht?
Ist der Mensch gut, ist der Mensch schlecht?

Glaub ich dem Jungen oder Alten?
Was soll ich tun, wie soll ich's halten?"

Die Frage ist und bleibt rhetorisch,
die Antwort daher nicht euphorisch:
Das Wahrste hätt er wohl gesagt,
hätt man mit **vierzig** ihn gefragt!

Homo sapiens femininum karrierensis ...oder... Karrieremenschin

´ne Menschin, auf Karriere stets bedacht,
hat diese auch mit Fleiß recht gut gemacht.

Doch Frauenquoten im Olymp sind schlecht;
der Grund liegt auch am Frau-gen-Frau-Gefecht.

**Oh Frau, bring´ doch die eigne Stärke ein,
statt immer bloß der „bessre Mann" zu sein!**

Auf der Flucht vor dem Ich

Ein Mensch ist sich nie gut genug,
flieht in ´ne Welt voll Selbstbetrug.
In Träumerwelten ohne Pein
kann er ein Held, ein Sieger sein.

So taucht er oft in diese ein
und es verschwimmen Sein und Schein.
Sein Umfeld rügt ihn sehr dafür,
setzt ihn vor Job- und Wohnungstür.

Der Mensch, von dem Ballast befreit,
verschwindet aus der Wirklichkeit,
zieht um in seine Welt voll Glück …
und kehrt von dort nie mehr zurück.

Das Apfelbrot

Für Waltraud, die Küchenfee aus Rhaunen

Ein Mensch ... 'ne Menschin, mal genau genommen,
hat von ganz oben einst bekommen
ein himmlisches Geschenk von großer Gnade,
ein Gaumengruß, falls mal das Leben fade,
ein Magenknüller, der den Sinn berauscht
und Trübsal gegen Freude tauscht,
der Derangiertes bringt ins Lot,
kurz: ein **Rezept für Apfelbrot**.

Voll Dankbarkeit backt sie beglückt
das Brot, das bald vom besten Ruf geschmückt.
In der Gemeinde, ja, im ganzen Land
ist das Gebäck der Menschin schon bekannt;
und dies nicht nur bei ihren Lieben ...
Nein, auch bei Pfaffen, Bauern, Apfeldieben,
bei Neffen, Nichten, Onkeln, Tanten,
bei Bäckern und bei Fabrikanten.
Es ist der Menschin schönste Zierde,
doch bald auch Objekt der Begierde.

Ein Millionär aus Ost-Stralsunde

erhält vom Wunderbrot die Kunde

und riecht, da er begabt in solchen Sachen,

die große Chance, viel Geld zu machen.

Schwupps steht es schon, das Marktkonzept,

doch braucht er dringend das Rezept

des Apfelbrotes, welches streng geheim,

gut aufbewahrt wird in der Menschin Heim.

bpm

Und schwuppdiwupp, da steht er schon

vor der Menschin Tür ... und eine glatte Million

schreibt er als Zahl auf einen Scheck,

worauf die Menschin kriegt 'nen Schreck.

Der Geldsack preist darauf sein Angebot

und spricht von Ruhm und Geld qua Apfelbrot.

Die Rhetorik sprüht, sein Goldzahn blinkt,

die Menschin noch um Fassung ringt.

Er endet sieg'sgewiss und lächelt,

derweil das Geldpapier verführend fächelt.

Da fasst die Menschin allen Mut
und spricht: „Ihr Angebot ist gut,
mein lieber Herr. Ich danke sehr!
Doch kamen Sie umsonst hierher.
Nicht alles auf der schönen Welt
ist käuflich für Ihr schnödes Geld.
Die Hauptzutat – die Freud und Liebe –
eignet sich nicht zum Weltvertriebe!"

Sie spricht's, zerreißt den Scheck im Nu.
Pardauz! Schon ist die Haustür zu.
Der Fabrikant steht tief getroffen;
die eloquente Gosch bleibt wortlos offen.
Zum ersten Mal in seinem Leben
verlor er … und sein Geld-Macht-Streben
brachte ihn zum Ziele nicht.
Und die Moral von dem Gedicht
vom Apfelbrot: Das Wunderbare,
alles Gute, Echte und das Wahre
gibt es nicht für Macht und Zaster.
Es widersteht der Menschen Laster.

Der Optipessimist

Ein Mensch blickt stets mit großen Sorgen
in die Zukunft, auf das Morgen,
sieht immer nur das Negative,
fürs Gute sieht er kaum Motive,
der Quengler, Mäkler, Warner ist,
kurz: ein waschechter **Pessimist**.

Zufrieden denkt der Pessimist:
„Ein Optimist sein, das wär Mist.
Das Gemüt stets froh und sonnig,
die Zukunft rosig, Laune wonnig,
stets positiv, voll Zuversicht,
ich halt's nicht aus, nein, bitte nicht!"

Der Pessimist ist besser dran,
weil er fast nur gewinnen kann:
Kommt's positiv – na, kein Problem –,
dann ist's für ihn auch angenehm.
Doch kommt es übel, richtig schlecht,
so hat er wenigstens noch Recht
und kann dramatisch sich empören:
„Es wollt ja keiner auf mich hören!"

Drum Pessimist zu sein, ganz rational,
ist bequemer und die bess're Wahl.
Zuletzt ein Tipp: Willst du der Schlechtigkeit entfliehn,
darfst du dich selbst nicht runterziehn.
Drum bleib versteckt, tief drin, wo du alleine bist,
allzeit ein wenig **Optimist**.

Der Optipessimist

Das Maibaumgartenloch

Für meine Tochter T und ihren Freund F.
Inspiriert von wahren Begebenheiten.

Ein Mensch, 'ner Menschin zugetan in Liebe,
folgt eben diesem schönen Triebe,
um seiner Liebsten dort im Garten
mit einem Maibaum aufzuwarten,
mit bunten Bändern wehend in der Kron',
an langer Stange, ganz in alter Tradition.

Der Mensch, auf Gründlichkeit bedacht,
bohrt ein' Tag vor Walpurgisnacht,
frühmorgens still und ganz geheim
im Garten von der Holden Heim
ein großes, tiefes Erdenloch
und tarnt's mit Brett und Rasen noch.

Der Plan war, dass des Maibaums Stamme
man nachts drauf hier in Boden ramme
und ordentlich mit Holz verkeile,
damit den Mai er hier verweile.

So war's geplant, so war's gedacht,
doch leider war's nicht so gemacht.

Bei der Arbeit kurz nicht aufgepasst,
da fällt der Stamm mit ganzer Last
dem armen Menschen auf das Bein.
Man sagt, es soll gebrochen sein.
Der Mensch hat die Walpurgisnacht
mit Schmerz im Krankenhaus verbracht.
Der Maibaumplan war jäh gestorben,
was ihm die Laune arg verdorben.

Doch in besagter finstrer Nacht
hat sich ein andrer aufgemacht:
Ein Opfer bös' verschmähter Liebe
der Maid folgt seinem Rachetriebe,
des Konkurrenten Baum zu klauen
oder per Säge abzubauen.
Im Garten schleicht er nachts um drei
und hat die Kettensäg' dabei.
Trotz langer Such', wider Erwarten,
fand er den Maibaum nicht im Garten.

Was andres fand der Unmensch doch:
das gut getarnte Gartenloch.
Als er in dies hineingerumpelt,
hätt' fast die Säge ihn „entkumpelt".
Im Spital hört aus dem Nachbarzimmer
der Mensch des Unmenschen Gewimmer.

Und als die Sonn' den Morgen küsste,
die Maid vorm Haus 'nen Baum vermisste.
Enttäuscht war sie ganz unbestritten
und knutscht seitdem mit einem Dritten.
Am zweiten Mai hat kurz entschlossen
der Hausherr 's Maibaumloch verschlossen.

Und die Moral von dem Gedicht:
Das alte Sprichwort gilt hier nicht
vom Grubegraben für den andern
und selbst dann in die Grube wandern …
Gräbt man sich selbst 'ne Grube fein,
fällt manchmal auch ein andrer rein!

Das Maibaumgartenloch

Tempus fugit ...oder... die „Hätt-ich-doch"-Pandemie

Ein Mensch sagt selbstbewusst und gar nicht still
bezüglich seines Zukunftsplans: „**Ich will!**"

Dann ist die Schul´ passé, die Zeit verrinnt,
des Lebens Ernst im Job beginnt.
Zwar ist der Lebenstraum noch unerfüllt ... und doch
sagt überzeugt der Mensch: „**Ich werde noch!**"

Im Berufsstress sieht er vor Bäumen nicht den Wald,
vom Wunschtraum bleibt: „**Ich möchte bald!**"
Die Glücksvision mutiert im weitern Lebenslauf
zum markigen „**Ich geb ´s nicht auf!**"
Er hat Erfolg, sein teures Auto trägt den Stern,
zum Jugendtraum gefragt kommt flugs: „**Ich würd´ noch gern!**"

Drei Kinder bereichern nun sein Leben ohne Frage
und Rollenpflichten füllen seine Tage.
Kurz vor der Ankunft des Kindes Nummer vier
spricht er verträumt: „**Ich wünschte mir!**"

Das Leben rennt ganz ohne Gnade.

Zwar ist dies reich und schön, nie fade.

Und doch … glimmt noch … im Kopf die alte Schwärmerei,

tagtraumbelebt schwebt sie vorbei.

Ein letztes Funkeln auf dem Sterbebette noch;

und sehnsuchtsvoll: „**Oh, hätt´ ich doch!**"

Zwar wird nicht jeder Wunsch real;

manch früher Traum schmeckt später schal,

doch bereut man selten das, was man getan …

viel schlimmer quälen Chancen, die vertan.

Der Selbstfinder

Ein Mensch, von der Idee beseelt,

sich selbst zu finden, da was fehlt,

macht im Beruf ein Sabbatjahr,

doch wird im schon nach Tagen klar,

dass bei ihm nix zu finden war.

Die P O R S C H E-Verführung

Geträumt! Gespart! Mein Leben lang!
Dort steht der Wahnsinnsflitzer.
Gekauft! Gefahr´n! Nun wart ich bang.
Drei Monat´! Blöder Blitzer!

Der Held und der Philosoph

Zwei Jungs der **griechischen Antike**
haben Besuch von Göttin Nike
(eigentlich ist ´s ja die Göttin Styx,
doch dann wird ´s mit dem Paarreim nix).

Gut gelaunt an ihrem Urlaubstage

stellt sie den Jungchen eine Frage:

„Was wäret ihr gerne von **Beruf**?

Ein Handwerker von gutem Ruf?

Ein Hirte oder Handelsmann?

Ihr habt die Wahl! Nun denn, sagt an!"

Begeistert springt nach ´ner Sekund´

der eine auf und tut dann kund:

„Ich werd´ ein **Held**, stark, mächtig, groß!

Das ist mein Wunsch, das wär´ famos!"

Dem andern Burschen wird ein wenig bange.

Er sinniert, bedenkt sich lange.

Auf Krieg und Kämpfen ist er nicht erpicht.

Er stellt sich artig hin und spricht:

„Ein Held sein find´ ich eher doof.

Viel lieber wär´ ich **Philosoph**!"

Die Göttin lächelt beide an:

„Dann schau ich, was ich machen kann!"

Eine Dekade geht ins Land

und unser **Held** ist schon bekannt.

Kühn sieht er aus mit Schwert und Schild;
er kämpft, er siegt, er reitet wild.
Die hübschen Mädchen sind verzückt
von diesem Mann, dem alles glückt.
Bei den Festen singt schon der Rhapsode
auf unsren Helden eine Ode
und preiset episch seine Stärke,
sein Mut und all die Heldenwerke.

Während der Held darf Drachen killen,
studiert der **Philosoph** im Stillen.
Niemand hat bislang von ihm gehört,
was unsern Mann recht wenig stört.

Dann kommt DER Tag, denn über Nacht
beginnt im Land die Mega-Schlacht.
Und unser **Held**, der heiße Feger,
ist nun der Menschen Hoffnungsträger.
Oh, seine Rüstung, welche Pracht
und seine Muskeln, welche Macht.
Schnell reitend an des Heeres Spitze
haut er den Gegner auf die Mütze.
Allein metzelt er fünfzig nieder;
schon dichten Dichter neue Lieder.

Auf dem Schlachtenhöhepunkte dann

steht vor ihm ein besond´rer Mann:

Es ist **des Gegners eigner Held** …

kurz steht sie still, die ganze Welt,

bevor der Wahnsinnszweikampf tobt

zwischen zwei Helden, hoch gelobt.

Zwar hält der Gegner gut dagegen,

doch klar ist unsrer überlegen.

Siegesgewiss will er ein wenig „posen",

da wird vom Gegner er durchstoßen.

Weit hört man seinen Todesschrei,

dann ist das Heldensein vorbei.

Sein Auge bricht, der Leib wird kalt.

Tja, Helden werden selten alt!

Das eigne Heer geht darauf baden;

das wird dem Nachruhm ziemlich schaden.

Indes der Held frustriert im Hades sitzt,

gepiesackt wird und Bäche schwitzt.

Zwar wird auf Erden er besungen,

doch ist ´s nicht zu ihm durchgeklungen;

zu gut ist Hades isoliert,

damit kein Teufelchen hier friert.

Oben derweil, wo kühle Bächlein fließen,

sieht man den **weisen Mann** sein Sein genießen.

Im Kreise von Studenten, die sein Wissen

aufsaugen, bewundernd und beflissen,

um zu erhalten all die Großgedanken …

die Nachwelt wird ´s gewiss ihm danken.

Glücklich lebt er hundert Jahr;

ein Leben, das vollendet war.

Des Helden Taten sind heut längst verblasst,

er hat sein Leben und den Ruhm verp(r)asst.

Der Philosoph hat ´nen unsterblich großen Namen,

noch heut´ liest man sein Werk und seine Dramen.

Im Kanon der Literatur ist er längst aufgenommen,

in Ruhmeshallen ist sein Kopf aus Gips gekommen.

Was lernen wir aus den Geschichten?

Tja, „schneller Ruhm" bringt ´s wohl mitnichten.

Bedenk es wohl: In dem Berufsbereiche

stellt man schnell ´ne falsche Weiche

und versaut den eignen Lebenslauf …

drum **bei der Berufswahl „Augen auf!"**

Der Held und der Philosoph

bpm

Von Wechselmenschen und Hockenbleibern

Für Kerstin

Ein Mensch, bedacht auf Karriere,
sieht schnell die Aufstiegsbarriere,
wenn er denselben Job zwei Jahre oder länger
verrichtet ... wird ihm bang und bänger.

Zwar sucht der Mensch von früh bis spät:
Sicherheit, Konstanz, Stabilität.
Derselbe Mensch fürcht' sich nach Kurzem schon
vor Stillstand und vor Stagnation.

„Welch Widerspruch, welch großes Plagen!",
hört man nun die Experten sagen.
„Worin liegt denn Glückseligkeit?
Im Wandel? In Beständigkeit?"

Von Status schwallt der Psychologe
und sieht im Wandel eine Droge.
Der Theologe insistiert erpicht:
„Wechsel ja, bloß den Gatten und den Glauben nicht!"

Betrunken konstatiert der Philosoph:
„Der Mensch ist aus Erfahrung doof!"
„Change" proklamiert der Bürgermeister
und klebt an seinem Stuhl wie Kleister.

Auf Wandel schwört als einzig wahre Option
ein Politiker der Opposition,
während jener, der grad an der Macht,
an Wechsel nicht im Traum gedacht.

Es meint die Chefin der Boutique:
„Kleider machen Leute schick."
Und sie mahnt als wicht'gen Tipp:
„Wechsle täglich Sock' und Slip!"

Und die Moral von dem Gedicht:
Die wahre Antwort gibt es nicht.
Es hängt, wie oft in unserm Leben,
am individuellen Streben.

Konstanz mit Wandel heißt der Trick,
in der **Balance** liegt das Geschick.
Doch wechsle stets zum Bess'ren hin,
denn sonst verfehlt es seinen Sinn!

Der Supergigalativ ...oder... der megahypersuperexzellente Hirte

Ein Mensch von heut´: cool, stylish, trendy,
mit neustem Mega-Smartphone-Handy,
ist Heimat neuer **Redensweise**
... bewohnt von einer Riesenmeise.

Das Problem kann man schnell so beschreiben:
Der Mensch tendiert zum **Übertreiben**!
Besagte Leute dieser Sorte
trifft man heut´ an jedem Orte.

Die Schlimmsten sind, das ist bekannt,
die Freunde aus dem Ami-Land.
Ein großer Sprachverhunzer, den man kennt,
ist Donald Trump, der Präsident,
der täglich in ´nen Fettnapf schlittert,
da er die Dummheit online twittert.

Du zweifelst? So will ich dir geben
ein Beispiel aus dem prallen Leben:
Ein Politiker, frisch abgewählt,
der sich zum Interview hin quält,
spricht frustriert zur Journalistenfrau:
„Das ist der Mega-Riesen-Super-GAU!"
Doch ist die Rede falsch und dumm,
denn GAU wär schon das Maximum.

In allen Medien, auch im TV,
bei Kind, bei Teeny, Mann und Frau,
wird sprachlich dies Symptom gefunden,
wird unsre Sprache totgeschunden.

Vom „exzellent" extrem verwöhnt,
ist selbst ein „sehr gut" schon verpönt.

So wird heut´ deppert ohne Maßen
die deutsche Sprache aufgeblasen.
Verwendet wer Superlativ,
so stapelt der per se schon tief.
Man würd´ bald „tot" und „schwanger" steigern,
tät dies „Herr Duden" nicht verweigern.
Rechtschreibung ist dahingerafft,
Satzbau und Kommas abgeschafft.
Da Publizieren nichts mehr kostet
wird jeder Dumm-Bombast gepostet.

Wie kann man hier nun gegensteuern,
der Sprache Rettung neu befeuern?

Das **Größte** mag Mensch Beispiel geben,
Bescheidenheit macht groß im Leben.
Klein sind die Brötchen, die wir backen,
klein auch die Häufchen, die wir k.....
Ein wenig Demut tät uns gut,
drum lies die **Bibel** und fass´ Mut:
Als Gott in seinem Hauptberuf
den Kosmos und die Erde schuf
und sah nach all der Schöpferei
von Meer, Land, Tier und Allerlei,

dass dies, sein Werk, war toll gelungen,

die Englein haben es besungen,

da sprach der Herrgott schlicht und klar:

"Ja, es ist gut!", was es auch war.

Nicht hypermegaexzellent,

wie man das von den Blendern kennt …

Oh nein, als wunderbares Attribut

wählt der HERR das Wörtchen **GUT**.

Was will man sagen auf die Schnelle?

Der Mensch ist eine Großbaustelle.

Es ziemt sich nicht, den HERRN zu tadeln,

doch Mensch schuf er mit heißen Nadeln.

Fraglos ist seine Schöpfung toll,

liest man das Schöpfungsprotokoll:

Fünf Tage hat der HERR gepuscht,

am sechsten hat er dann gepfuscht.

Der Fehler liegt schon am Konzept,

doch dafür gibt ´s halt kein Rezept.

Es ist des Menschen Wesenszug:

Er kriegt den Hals nicht voll genug.

Ich resümiere drum ganz offen
und hoff´, die Poser macht ´s betroffen:
In der Sprache übertreiben nur die **Nieten**,
die in der Sache dann nichts bieten!

Ein moderner Linker

Ein Mensch mit dreißig, ein Student und Linker,
Veganer auch und Smoothie-Trinker,
ein Spätaufsteher und Graffiti-Sprayer,
des Nachts gern Spielkonsolen-Player,
auf Demos Barrikadenbauer,
Chaot und Polizeiverhauer,
sieht sich im Geist als Kommunist,
doch handelt wie ein Anarchist.

Als Beruf nennt er „Student",
obschon er Unis kaum von innen kennt.
Ist Hausbesetzer und –beschmierer,
ist vermummter Randalierer.
Für Drogensucht das Geld verprassen,
Entzug bezahlen Krankenkassen.

Auch ist er polizeibekannt,
da als G20-Demonstrant,
erwischt beim Plündern in flagranti.
Er kämpft FÜR NICHTS, er ist bloß **ANTI** …!

Als „Marxist" verteilt er Keile,
doch kennt von Marx' Werk keine Zeile.
Gestern in Haft der Polizei,
dank Linksjustiz heut' wieder frei.

Doch die Fassade hat 'nen Riss,
sein Handy trägt den Apfelbiss.
Wenn er verreist, denkt man: per pedes.
O ne, er leiht vom Vater den Mercedes.
Zu Hause ist der Kühlschrank voll,
die Hütte warm, der Flatscreen toll.
Das „geheime" teure Steak und Bier
bezahlt ja Papa und Hartz vier.

Das System, das er so tief verachtet,
hat er doch bestens ausgeschlachtet.
Doch plagt den Menschen kein Gewissen,
trotzdem er alle und sich selbst beschissen:

Als Chaot und Linksextremer
mag man's heut halt auch bequemer.

Und die Moral von dem Gedicht:
Moral und Ethik gibt's hier nicht.
So mancher „überzeugter Linker",
entpuppt sich bloß als fauler Stinker.

Im Kreislauf der Macht

Ein Mensch, generisch maskulin,
sprich: möglich ist hier auch MenschIN,
strebsam und intelligent,
extrovertiert und eloquent,
überspringt in der Schul´ zwei Klassen,
fehlt nie, will nichts verpassen,
Primus in jedem wicht´gen Fach,
charakterlich ein wenig schwach,
hat sich ein großes Ziel gesetzt:
„´ne **Karriere**, die so richtig fetzt!"

Freizeit im Studium gibt es nicht,
ein Doktortitel, der ist Pflicht.
Erfahrung sammeln, sonnenklar,
im obligaten Auslandsjahr.

Im Job schon bald im **Führungskreis**,
der Partner kommt aufs Abstellgleis.
Man ist fürs Äußerste bereit;
für Familie bleibt keine Zeit.

Dann jahrelang beweisend plagen;
nie krank, kaum Urlaub, niemals klagen.
Und Schwupp ist man die rechte Hand vom Boss;
hierarchisch schon im Oberg´schoss.

Loyal genießt man Chefs Vertrauen,
um heimlich Wissen aufzubauen.
Und wenn die Zeit gekommen
wird **feindlich übernommen**
der Chef-Thron-Ober-Posten
auf andrer Leute Kosten.

Der Mensch LEBT sein geträumtes Leben
und ist von Arschkriechern umgeben.

Ach! Während er so residiert,
die Macht genießt, ganz ungeniert,
im Luxus lebt im Rampenlicht …
wird vom vertrauten Recht-Hand-Wicht
ER vom eignen Thron gepurzelt,
entmachtet und entwurzelt.

Ganz heimlich wird er abgesägt
und was der Mensch nur schwer erträgt:
Während intern der Machtkampf tobt,
wird offiziell er weggelobt.
Der Mensch, ums Lebenswerk betrogen,
hat sich komplett zurückgezogen.

Der eine mag mit Empathie beklagen:
„Was muss der arme Mensch ertragen?"
Ein andrer grient recht schadenfroh:
„Tja, in DEN Kreisen läuft das so!"
Ich selbst halt´ mich hier mal zurück,
zu bewerten Menschens Missgeschick.
Nur eins frag´ ich: „Ist er heut´ klüger?
… **ER, der betrogene Betrüger**?"

Das Leiden der Zeit (Tempus fugit II)

Wen wundert ´s, dass die ZEIT stets flieht,
dass man sie niemals rasten sieht???

Der Mensch geht schrecklich mit ihr um,
die arme Zeit, sie leidet stumm.
Die Zeit, die sich nach Liebe sehnt,
wird von dem einen schroff **gedehnt**.
Ein andrer will sie **sparen**, **zerren**,
mit Fesseln ihr die Flucht versperren.
Der nächste will die Zeit straff **raffen**.
Der Aktionär lässt für sich **schaffen**
das arme Ding als Zastersklave
zum Reichtumszwecke, nicht zur Strafe.

Und mancher hat, ganz unverhohlen,
die Zeit schon mal für sich **gestohlen**.

Beim Fußball wird sie oft **geschunden**;
so bringt man Siege über Runden.
Von Faulen wird sie – welches Grauen –
gerne schon mal **totgehauen**;
nicht einmal, neee, tagaus tagein …
Unsterblichkeit kann grausam sein.

Wen wundert´s, dass die ZEIT stets flieht,
dass man sie niemals rasten sieht!!!

Verdorben

Ein Mensch verspricht zum sechsten Mal
die Treue vor dem Traualtar.
Und er bereut und spricht: „Welch Qual,
dass Liebe so verderblich war!"

bpm

Der Krokant-Elefant

Kein Mensch, ein Elefant
aus einem fremden, fernen Land
mit viel Sonne, sehr viel Sand
bekam als Lohn ein Stück **Krokant**,
was er waaahnsinnig lecker fand.

Er forschte nach mit Wikifant
und er erschrak, als er verstand:
Es gibt in seinem eigenen Land
nicht diesen göttlichen Krokant.

Doch im Land des Philosophen Kant
gibt´s ihn in hundert Variant.
Da wurde ihm ganz blümerant
und nahe an des Wahnsinns Rand
fasste er Mut und er verschwand
aus dem gewohnten Heimatland.

Nach harten Wochen als Migrant
kam er an am Nordseestrand.
Nun war er im gelobten Land
und dachte: „´s ist ein Glücksgarant!"
Doch wisst ihr, was er hier empfand?
Kälte, Fremde, eine Wand;
alles war ihm unbekannt.

Drum hat er sich ans Amt gewandt,
bekam auch Futter und Gewand,
doch leider kriegt er kein´ Krokant.
Der Lieferant
vom Fabrikant
sprach süffisant:
„Du willst Krokant?
Du Migranten-Elefant?
Was hat denn dir das Hirn verbrannt?!"
O ja, das war schon ziemlich provokant.

Ein Jahr verbrachte er im Land
und hatte einen schweren Stand.
Er kriegt ein Rad aus siebter Hand
– wie amüsant –

und er erfand
ganz kurzerhand
den Velofant
und radelte ins Türken-Land,
weil er ´s bei uns als kühl empfand …
doch noch ein Grund ist mir bekannt:

Türkischer Honig!

Das ING-Ding: Echt zum Verzweifling

Die *Ingrid* trägt es vorne drin …

nein, nicht im frivolen Doppelsinn.

Die Braut trägt es mit R am Finger

und selbst im *Finger* sind die *Dinger*.

In *klingen* klingt es wunderbar,

im *Lüstling* wirkt es sonderbar.

Du siehst, man trifft es allerorten,

beliebt in allen Wörtersorten.

Ein Tausendsassa ist ´s fürwahr

und auch bedeutend, aber klar:

Ohne es wird aus dem *Singen* Sen

und aus dem Städtlein *Bingen* Ben.

Gewiss habt ihr dies längst erkannt,

die Silbe **ING** ist sehr bekannt.

Sie schmückt den *Schön-* und *Schmetterling*

und steckt selbst in ´nem *Schlingel* drin.

Alleine mag das ING nicht leben,

es will an andern Silben kleben;

am Wörteranfang oder -schluss

ist es ein wahrer Hochgenuss;

auch mag es gern in Wörter drINGen,
man braucht ´s, will gutes Deutsch gelingen.

ING war Erfolgsgeschichte pur,
doch wär ´s ja wider Sprachnatur,
wenn Gutes bliebe, wie es ist,
denn ´s kamen übern Teich – so ´n Mist –
zahllose freche Wortmigranten
mit allen ihren Anverwandten
und siedelten im deutschen Raum
im Sprachasyl, man glaubt es kaum.

Dies neue ING erkennet man,
es hängt sich immer hinten dran.
In kurzer Zeit war, wie mir deucht,
die schöne deutsche Sprach´ verseucht:

Statt Bankgeschäften macht man *Banking*,
aus Reihenfolge wurde *Ranking*.
Ach, wenn man früher Rennen fuhr,
so kennt man heut das *Racing* nur.
Wiederverwertung heißt *Recycling*;
streicht man das *Re* wird daraus *Cycling*

und meint nun, dass man Fahrrad fährt
mit 'nem modernen Bike-Gefährt.
Doch wart', dies Beispiel wird noch schlimmer,
denn fährt man Rad in einem Zimmer,
so tut man sich beim *Spinning* trimmen …
ja, spinnen scheint hier gut zu stimmen.

Man ging am Stock, wenn man war alt,
heut' heißt das *Nordic Walking* halt.
Fürs *Rafting* braucht man wilde Wasser.
Mobbing machen Menschenhasser;
Bashing ist dazu verwandt.
Beim *Bungee Jumping* ist bekannt:
Falls das Gummiseil zu lang,
der Sprung dann eher schlecht gelang.
Springst du gern in Schluchten rein,
könnt' *Canyoning* 'was für dich sein.

Ihr seht nun selbst: Das Ami-ING
ist ein recht invasives Ding.
Die deutsche Sprache wird verschandelt
und durch dies Wort-Bling-Bling misshandelt.
Zwar will ich hier nicht motzing …
Doch ja, ich find 's zum Kotzing!

Die Hausmaus ...oder... ungerechte Tierliebe

Kein Mensch, nein, diesmal eine **Maus**,
wohnhaft in ´nem schönen Haus,
getauft ist sie auf Knusper Cläuschen
und dieses Mäuschen macht grad Päuschen.
Sie blickt voll Neid … auch mit Pläsier
auf all das viele Mitgetier,
das drauß´ und drinnen kreucht und fleucht,
wodurch ihr **Wirt** sie glücklich deucht.

Ihr Hauswirt ist ein **Mensch** von Welt,
dem jedes Tier – wie ´s scheint – gefällt.
Er füttert und er hätschelt diese
im Haus, im Garten, auf der Wiese.
Ach, wie gern wär Cläuschen mit dabei,
bei der Schmuse-Streichel-Tätschelei.
Doch Cläuschens Menschenlieb´ bleibt unentdeckt,
da er sich vor dem Wirt versteckt.

Und wenn Ihr fragt „warum die Tarnung?",
so ist der Grund **Mauspapas Warnung**:
„Die Welt der Menschen ist für Mäuse schlecht,
denn seine Tierlieb´ ist oft ungerecht!

Die Leute mögen ´s grell und bunt

und kommen schnell mal auf den Hund.

Auch lieben sie die schnelle Katz;

und diese Mietze macht ratzfatz

dem Nagerlein den Mausgaraus.

Drum bleib **versteckt** im Menschenhaus!"

Doch Cläuschen, der dem Hobby „Maustanz klassisch" frönt,

glaubt nicht der Überlieferung und tönt:

„Mauspapa ist ein Hasenfuß,

ich mag die Menschen, ja, ich tu ´s.

Der Mensch-Maus-Krieg ist Vorurteil

und ich beweis´ das Gegenteil.

So denkt doch nur ans Kosewort,

das Männer säuseln immerfort.

Wie sagt der Mann zu seiner Frau?

Nun? ‚Mäuschen' sagt er, ganz genau!

Ohne was kann ´s Töchterchen nicht schlafen?

Na, ohne die Plüschkuschelmaus, der braven!

Ist ein berühmter Mensch gestorben,

kommt er, falls er nicht verdorben,

mit Requiem und ´nem Te Deum

in ein pompöses Mausoleum.

Da habt ihr doch Beweise satt,
dass Mensch an Maus viel Freude hat.
Bald, von der alten blut´gen Fehde
sei nur als Mahnmal noch die Rede."

Und wie einst **Luther King**, man glaubt es kaum,
hat auch das Cläuschen nun ´nen Traum,
von Frieden unter Säugetieren,
ob aufrecht oder auf den Vieren,
ob schönes Fell, ob Haut – sprich Glatze,
ob nackte Hand, ob haar´ge Tatze,
es sei egal, es zählt allein,
als Mensch und Tier gut Freund zu sein.

So redet sich die Maus in Rage;
im Herzen wuchert die Courage!
Und aus dem Cläuschen wird jetzt Claus –
vom Kind zur Revoluzzermaus:
„Zeit für Geschichte, Sapperment,
ich pieps aufs Maus-Establishment!"

So seht ... er geht ... mit stolzgeschwellter Brust
zum Fenster und er hat zum Tanzen Lust.

Gut sichtbar auf dem Fensterbrette
beginnt Claus mit 'ner Pirouette.
Er hüpft, er trippelt und er springt,
was an des Menschen Ohr nun dringt.
Der dreht sich um, glaubt seinen Augen nicht;
dort hopst ein frecher Mäusewicht.
Doch Claus, der tanzt und wird nicht müde
mit Stand- und Spielbein eine Attitüde.
Er tanzt den Tanz nun seines Lebens
und hofft, die Müh ist nicht vergebens.
Er posiert, hat 'ne Arabesque noch parat,
dann wirbelt er und endet im Spagat.
Die Mäuse sind ganz aus dem Häuschen
und feiern ihren Held Ex-Cläuschen.
Derweil der Wirt steht tief betroffen;
man sieht 's am Mund, denn der steht offen.

Frühmorgens dann des nächsten Tages
geht Claus zum Ort des Ritterschlages,
um in Gedanken, ganz im Stillen
der Tat gedenkend noch zu chillen.
Und als er kommt zum Heldenort,
was denkt Ihr wohl, was sieht er dort?

Auf einem **Vesperbrettchen** schön drapiert,
ward ihm ein Stückchen Käs´ serviert,
dem Friedenstanze wohl zum Lohne,
der Mensch-Maus-Fehde sehr zum Hohne,
vom Freund gesteckt auf einem Spieße
auf dass der Tänzer es genieße!

Der Maus-Claus war zutiefst gerührt,
die Freud´ tief drin sein Herz berührt.
Der Menschenfreund gibt ihm zu essen.
Mauspapas Horror ist vergessen.
„Wir sind zurück im Paradies,
der Mensch ist nett und gar nicht mies.“
Ach sieh, wie schön ist ´s Käsebrett
verziert mit Draht, fein und adrett;
garniert mit einem dicken Bügel
thront der Preis auf einem Wippenhügel.
Um undankbar nicht zu erscheinen,
holt sich der Claus den Lohn, den feinen.

Das Cläuschen mit dem guten Herzen
konnt ´s Ungeliebtsein nicht verschmerzen.
Glückstrunken greift er nach dem Happ´
… und ´s Käsebrett macht kalt KLAPP-SCHNAPP!

Zum Müll wirft man den Mauskadaver,
derweil beginnt ein Mordspalaver:
Warum hat ‚Mann' ihn umgebracht?
Die Frage ist nun heiß entfacht.

Es spricht der Tierfreund klar und weise:
„Dies Ende find´ ich richtig scheiße!"
Nun lässt sich trefflich spekulieren,
klugscheißen und philosophieren.
Es konstatieren Psychologen-Doktoranden:
„Der Claus ward klassisch missverstanden.
Vom Maustanz fühlte sich verspottet
der Mensch … und hat ihn ausgerottet."
Ein Theologe spricht voll Huld:
„An allem ist bloß Darwin schuld!"
Und es entsteht ein Mordsgeschrei
um Tierschutzethikallerlei.

Nun ja, was bleibt nach all dem Sturm?
Der frühe Vogel fängt den Wurm.
So lernt man es, so ist es Pflicht,
doch galt dies für die Hausmaus nicht.
Sie dachte, dass sie schlauer wär,
hielt Papas Warnung für ´ne Mär.

Brutal sprech´ ich die Wahrheit aus:
Den Käs´ bekommt die zweite Maus!

Wenn Ihr mich fragt, „was lern ich draus,
vom ew´gen Krieg von Mensch und Maus?"
So fühl ich mich ertappt und dumm
und nenn ´s halt ein **Mysterium**!

Zum Schluss ´nen Tipp an alle Gören:
Einfach mal auf den Papa hören!

Der Geschlechter-Deal

Ein Mensch, der sich ´ne Gattin nimmt,

der wähle diese mit Bedacht

und prüfe, dass das Alter stimmt,

denn hier ist schnell ´was falsch gemacht!

Drum sage ich direkt und offen:

´ne JUNGE FRAU, so heißt das Ziel.

Willst du auf Eheglück mal hoffen,

beachte den Geschlechter-Deal!

Beim ersten Punkt geht´s um die Reife.
Da sind die Frauen weit voraus;
willst du kein Tanz nach Frauenpfeife,
hol´ dir ´ne junge Frau ins Haus.

Die Schönheit ist der zweite Punkt
und jeder weiß, dass die vergeht.
Drum, wenn es bei ´ner Jungen funkt,
die Haltbarkeit noch lang besteht.

Zum dritten zählt das liebe Geld.
Ist ER schon ein gemachter Mann,
ist SIE als Gattin „Frau von Welt",
fängt nichts mit armen Schluckern an.

Beim vierten Punkt geht es um Pflege
für Mann, wenn alt und krank er ist.
´ne jüngre Ehefrau pflegt rege,
´ne alte nicht. Neee, das wär´ Mist!

Zuletzt wird ER in Frieden sterben,
bekommt ein tolles Kistenfest
und SIE wird – logisch – alles erben
für einen schönen Lebensrest.

So ist doch allen gut gedient,
wenn man befolgt den alten Deal
und jeder kriegt, was er verdient …
Bedenkt es wohl. Es geht um viel ;o)!

Genderwahn

Ein Mensch, die Gesinnung reichlich grün,
beschloss voll Tatendrang und kühn:
„Dass ich fortan in Schrift und auch verbal
die Sprache umstell´ auf geschlechtsneutral.
Politisch und sozial wird´s dann gerechter,
wenn man bedenkt die Vielfalt der Geschlechter:
Da gibt´s die Heteros, sprich Mann und Frau,
dann Homos – Lesben, Schwule – ganz genau."

Bis dahin ging ´s, komplex wurd ´s schnell
bei bi-, trans- oder intersexuell;
wobei dies erst der Anfang war …
bei Queer-Transgender war ihm nichts mehr klar.

Doch wollt´ der Mensch die Minderheiten nicht verletzen
und ab sofort im Stadtrat Zeichen setzen.
Sein erster Antrag galt dem Stadtverkehr:
„Ich will kein Ampelmännchen mehr
für die Fußgänger ..Stopp!.. Fußgehenden,
den Laufenden und Stehenden,
ersetzt durch Ampelweibchen, schön und zierlich, …
doch nein, das >Weibchen< klingt so despektierlich …
ohne Verkleinerung und ernsthaft, ganz genau,
beantrag´ ich die >Ampelfrau<!"

Später wollt´ er die Kultur der Notdurft retten
im Kampf für Unisex-Toiletten,
„damit auch dies Geschäft, die kleinen wie die großen,
gerecht wird den Geschlechterlosen."
(Wie man auch immer will geschlechtslos brunzen;
Hauptsach´, man kann die Sprach´ verhunzen)

Fortan sprühn die Ideen des Menschen ungeniert,
der Stadtrat fühlt sich drangsaliert.
Und als beim Fest die Hymne ward gesungen,
hat die beim Menschen fremd geklungen.
Lauthals sang er vom *„deutschen Mutterland"*,
von *„schwesterlich mit Herz und Hand."*

Das generisch´ Maskulin wollt´ der Mensch streichen,
es sollt´ dem Femininum weichen.
Der Mensch, nun ganz in seinem Element,
betrieb Sprachsäuberung sehr vehement.
Das Deutsche, wie es uns bekannt,
wurd´ radikal von ihm entmannt.

„Grüß Göttin", rief er laut zum Gruße,
die *„Frauschaft führt Bällin am Fuße"*.
Er leimte Holz mit *„Kleisterin"*,
denn *„Übung macht die Meisterin"*.
Er pflückte Äpfel von der *Ästin*,
wer ihn besuchte, hieß *„die Gästin"*.
Im Auto brummte die *Motorin*,
den Hausarzt rief er *„Herr Doktorin"*.

Bei Männern war Mensch bald verhasst,
weil Frauisierung Mann nicht passt!
Die Frauen lobten ihn hingegen,
hielten sein Engagement für ´n Segen, …
solang´, bis er komplett von Sinnen,
begann fortan im Wahn zu spinnen:

Beim Metzger wollt´ er *Würstin* kaufen,
tat ´s Brot zur *Brötin* kurz umtaufen.
Er sprach von *Vaterin* und *Mutterin*,
aß „*d´ Brezelin mit Butterin*".
Als *Männin* wollt´ er *Kinderinnen*
bekommen von zwei Inderinnen.

Konsequent zum größten Schritt bereit,
zeigt sich der Mensch im Damenkleid,
in dem er völlig ungeniert
mit Blumenhut im Park flaniert.

Nun war ´s auch Frauinnen zu bunt,
denn Genderwahn schien ungesund.
Sie riefen flugs die Polizei
und die kam doppelflugs vorbei:

„*Der Mensch nimmt sicher Drogen*
und muss zum Psychologen!
Er ist verrückt geworden,
womöglich wird er morden!"

Zu dritt ward er gepackt,
eingesperrt und zwangsbejackt.
Da saß er in der Klapsen
mit Tanga und in Strapsen
und konnt´ es nicht verstehen,
trotz wenden und auch drehen,
er wollt die *Weltin* retten …
zum Dank saß er in Ketten.

Was lernt man bloß aus DER Misere?
So manch´ Idee gereicht zur Ehre,
wenn sie zur rechten Zeit gedacht …
zur Unzeit wird man ausgelacht!

Genderwahn

Formular

Geschlecht: bitte ankreuzen

☐ weiblich	☐ männlich	☐ androgyn
☐ schwul	☐ lesbisch	☐ Bigender
☐ gendervariabel	☐ genderqueer	☐ intersexuell
☐ queer	☐ geschlechtslos	☐ pangender
☐ nicht-binär	☐ pansexuell	☐ omnisexuell
☐ transmännlich	☐ transweiblich	☐ transmenschlich
☐ Frau zu Mann	☐ Mann zu Frau	☐ weder noch-Geschlecht
☐ trans *	☐ trans * weiblich	☐ trans * männlich
☐ transgender	☐ transgenderweiblich	☐ transgendermännlich
☐ Transgender-Mensch	☐ transmaskulin	☐ transfeminin
☐ männlich transsexuell	☐ weiblich transsexuell	☐ transsexuelle Person
☐ inter * weiblich	☐ inter * männlich	☐ inter * Mensch
☐ intergeschlechtlich	☐ Intergender	☐ zweigeschlechtlich
☐ dreigeschlechtlich	☐ viergeschlechtlich	☐ fünfgeschlechtlich
☐ n-geschlechtlich	☐ ___-geschlechtlich	☐ Zwitter
☐ Hermaphrodit	☐ XY-Frau	☐ XY-Mann
☐ Transvestit	☐ Cross-Gender	☐ Null-Geschlecht
☐ Drag	☐ XYZ-Frau	☐ XYZ-Mann
☐ XYZ-Ding	☐ * X Z Ü $ gender	☐ Dingsbums
☐ trisexuell	☐ quattrosexuell	☐ € $ %-sexuell

80

Der Zahn der Zeit

Als der HERR mit voller Schöpfungskraft –
und noch mehr Fantasie gewiss –
den Raum und auch die ZEIT erschafft,
gibt er der letzten ein Gebiss.

Nein, keine ganze Nageleiste,
vielmehr ist es ein einz´ger Zahn;
kein Zahn, der mit der Zahnfee reiste
auf einer Wackelmilchzahnbahn.

Niemals kriegt er ein Zahnwehloch,
braucht keine Zähneschrubberei
und geht er mal verloren doch,
klappt einer nach, grad wie beim Hai.

An allem nagt der ZAHN DER ZEIT,
schabt ab den Glanz vom schönen Lack;
er kostet Mensch die Ewigkeit …
macht Don Juan zum alten Sack.

Im Kampf gegen das Älterwerden
fahnden Forscher nach der ZEIT.
Das Ziel: Der Schabe-Zahn muss sterben!
Mensch ist zu jeder Tat bereit.

Kommt ein Genie ihr auf die Spur
und proklamiert: „Ich krieg dich schon!";
voll Mitleid lächelt sie da nur …
schlüpft in ´ne andre Dimension.

Vielfalt und Toleranz

Ein Mensch – ein kluger – postuliert,
dass VIELFALT Menschen besser macht.
Als Folge, wie er referiert,
wird so die TOLERANZ entfacht.

In der Vielfalt angekommen,
entdeckt er nun, dass in der Summe
Intoleranz hat zugenommen …
und er fühlt sich als der Dumme.

Der Mensch ist seitdem still geworden,
ein Irrtum war sein Postulat,
denn zugenommen hat das Morden
und Akzeptanz fehlt in der Tat.

Der Fehler liegt im eignen Denken,
denn Farben passen sich nicht an.
Die Menschen lassen sich nicht lenken,
es haftet ihnen Prägung an.

Naivität heißt die Misere!
Ja, Wahrheit klingt so unsensibel
und kommt dem Schein hier in die Quere:
Toleranz ist oft nicht kompatibel.

Das Meisterwerk

Ein Maler mit 'nem großen Namen
spannt 'ne Leinwand auf 'nen Rahmen.

Durch ungeküssten Musen-Frust
und künstlerischen Lust-Verlust
bleibt die Leinwand völlig **blank**
und kommt zurück in Bilderschrank,
nachdem er – aus Gewohnheit nur –
ins Eck gepackt die **Signatur.**

Dort hat 's der Künstler dann vergessen.
Viel malt er noch, fast wie besessen,
bis der Pinsel ruht für immer …
schon steh'n die **Erben** in dem Zimmer,
dem Atelier mit all den Schätzen,
um zu versilbern, sich zu fetzen,
um „aaszugeiern" wie Hyänen …
Nur vor der Presse fließen Tränen.

In den Augen steh'n die Dollarzeichen;
für alle soll 's für immer reichen.

Geplündert wird die Arbeitsstätte,
als ob sie nichts bedeutet hätte.

Zum Schluss, Millionen schon im Sack,
steht das monetengeile Pack
vor dem signierten, leeren Bild
und man berät, man streitet wild,
was man damit erzielen kann.
„Nichts!", sind sich einig Frau und Mann.
„Genau!", spricht einer im Ideenglück,
„>Das Nichts!<, sein letztes Meisterstück."

Die Presse wird flugs informiert,
die Sensation wird arrangiert.
Sein letztes Werk: „Oh, diese Tiefe";
„als ob er aus dem Jenseits riefe!"

„Es zeigt, womit er einst anfing,
zeigt seine Angst, … wohin er ging …
zeigt seinen ganzen Kosmos eben,
sein Kämpfen, Zweifeln, all sein Streben."

„Die ganzen unsichtbaren Farben,
weisen auf die Seelennarben.

Und der vermisste Pinselstrich
legt dar, wohin sein Geist entwich!"

Schnell wird den Experten klar,
dass dieses Werk sein größtes war.
Und bei der nächsten Auktion
erzielt ´s ´ne glatte Million.

Was kann man daraus resümieren?
Des Menschen Laster ist das **Gieren**,
gepaart mit Dumm- und Dreistigkeit
und dies wohl bis in Ewigkeit.

Verteilt sind lediglich die Rollen:
Die Wölfe, die die Beute wollen,
die Schafe, die sie liefern sollen
… und der Rest, der soll sich trollen.

Ach, eins noch: …
Manch Experte, hoch gelobt und dekoriert,
hat ohne Sachverstand studiert.
Daher erlaub´ ich mir den Schluss:
Expertisen sind oft purer Stuss!

Das Meisterwerk

Gute Zeiten, schlechte Zeiten

Ein Mensch, ein Mann in jungen Jahr´n,
ist voll aufs Liebchen abgefahr´n:
„Du Schönste, du mein Augenstern,
ich habe dich **zum Fressen gern**!"

Vom selben später höret man:
„Oh, hätt ich ´s damals bloß getan!"

Tierische Interna

Kein Mensch, ein Tier von schlimmster Sorte,
ein übler Quälgeist sondergleichen,
auffindbar an jedem Orte
und sesshaft … ja … er will nicht weichen.

Er hält dich täglich ab vom Sport,
verleitet dich zum Sofasitzen,
behauptet Sport wär´ an ihm Mord
will höchstens mal vom Essen schwitzen.

Was du heute kannst besorgen,
lässt ihn unbehaglich knurren.
Er verschiebt ´s auf übermorgen
und lässt die Spielkonsole surren.

Faulenzen ist sein liebstes Tun,
drum schläft er oft bis in die Puppen,
muss vor und nach dem Essen ruh´n
und Essen heißt nicht „dünne Suppen".

Ein Parasit, ein Monster ist er.
Er tut nur, was er selber will.
Und jeden guten Vorsatz frisst er
Rapsdikaps mit Stumpf und Stiel.

Ach wie? Du denkst, dass er dich schont?
Wohl nur, wenn du ihn walten lässt!
Der **Schweinehund**, der in uns wohnt,
hat ´s Sieger-Gen ... und ist die Pest.

Ich hab´ auch einen namens Hänschen.
Was habt ihr nur?! Das arme Tierchen!
Er wedelt mit dem Ringelschwänzchen.
Sieh nur, wie süß! ´s ist ein Pläsierchen.

Er ist mein bester Kamerad,
jaja, schon wahr, sonst hab ich keinen;
das Leben ohne ihn wär´ fad,
mit ihm ist ´s Spaß, das will ich meinen!

Nun „Spaß", naja, das auch nicht immer,
denn manchmal bin ich ihm schon bös:
Für ihn sitz ich in meinem Zimmer
und bin so schrecklich adipös.

Zur Arbeit geh´ ich längst nicht mehr,
mein „Schwündchen" fürchtet sich allein.
Sein Hundeblick, den lieb ich sehr,
doch den Charakter hat ´s vom Schwein.

Die Christmettenflatulenz, eine Weihnachtsgeschichte

Ein Mensch, ein **Weihnacht-Ostern-Christ**,
der für sein Leben gerne isst,
schleppt sich am späten Heiligabend,
den ganzen Tag gefuttert habend,
zur **Christenmette**, wie es Brauch,
um zu schauen … gesehen werden auch,
zu präsentieren seine neue Jacke,
gut passend zu dem teuren Fracke,
geziert von handgemachten Schuhen,
worin verdreckte Füße ruhen
in lochzerfress´nen ollen Socken ...
was keiner sieht, ´s ist zum Frohlocken.

Und dieser ´rausgeputzte Pfau
lupft seinen Hut für jede Frau,
grüßt eifrig jede, die er kennt
und erntet manches Kompliment.
So ist er – von sich eingenommen –
gut in der Kirche angekommen,
dem Bauwerk, das das ganze Jahr
ein Ort gähnender Leere war,

wo sonst bloß Katz die Mäuse hatzt,

doch heut aus allen Nähten platzt.

Ein Hoch der **Abendlandkultur** …

sie lebt, wenn auch sehr selten nur!

Darin erstrahlt der Kirchenraum

von einem Tausendkerzentraum

und es verspürt ein jeder Christ,

dass **der Tag** gekommen ist.

Es fängt der Chor zu singen an,

ganz feierlich wird ´s jedermann.

„**Stille Nacht**" von Engelszungen

hätt´ nicht erbaulicher geklungen.

Ja, selbst der alte Organist

vom eignen Spiel gerühret ist.

Der Mensch, der eher dick als schlank,

quetscht sich auf ´ne Kirchenbank

mitten rein in das Gedränge,

denn er sucht Kontakt und Enge.

Ja, er genießt die Menschenwärme,

doch tief in ihm, in dem Gedärme

brodeln höllische Gerüche

grad wie in ´ner Hexenküche.

Der Hintern droht zu explodieren,
noch glaubt er ihn zu kontrollieren.

Der letzte Orgelton erschallt,
der in der Kirche widerhallt
und als der Pfarrer huldvoll spricht
vom Krippenkind und Friedenslicht,
da wird des Gases Druck zu viel …
es öffnet sich das Darmventil.

Was kam, das war kein lauter Kracher,
denn diese ernten höchstens Lacher.
Oh nein, es war ein heißer Schleicher,
ein gift´ger Biogasentweicher,
der heimlich durch des Arsches Ritze
erzeuget eine Höllenhitze
mit Gefährlichkeit und Charme
von ´nem NATO-Giftalarm.
Ist so ein Wind dem Darm entfleucht,
gibt´s keinen, dem das harmlos deucht.

Der Furz verbreitet sich brachial
und seine Wirkung ist brutal.

Als Zwiebel-Knoblauch-Kuchen-Düfte
schwängern heil´ge Kirchenlüfte,
da rennen Spinnen flugs davon,
sie stürzen tot zu Boden schon.
Bedingt durch diesen Faulgestank
fliehen Christen aus der Bank
und eine neunzigjähr´ge Oma
fällt vom Stinker fast ins Koma.

Oh, es entsteht ein Mordsgeschrei;
die schöne Stimmung ist vorbei.
Des Pfarrers tief beseelte Predigt
hat sich dadurch auch erledigt.
Es stinkt nach Fisch und faulen Eiern,
im Gang sieht man ´ne Dame reihern.
Der Ärmsten ging der Butterzopf
vom Mittag nochmal durch den Kopf.

Derweil der Mensch bleibt stille sitzen,
vermeidend, dass noch Winde flitzen,
verklemmt er fest des Arsches Backen,
lässt nur noch einen sachte sacken.
Dann schimpft er heftig – rein zur Tarnung –
dem üblen Stinker sei ´s zur Warnung.

Doch **Marie**, die Tochter von dem Hagen,

lässt sich nicht ins Bockshorn jagen;

sie hat den Täter gleich erkannt,

ihn mit ´nem Grinseblick gebannt.

Soeben will sie ihn verraten,

doch unser Unmensch riecht den Braten,

drum lügt er laut und ungeniert:

„Dies Kind hat in den Bruch hofiert!"

Der Lehrer übersetzt beflissen:

„Die Marie hat in die Hosen g´schissen!"

Die falsche Kund´, man glaubt es kaum,

geht wie ein Feuer durch den Raum.

„Mariechen stinkt!", heißt ´s wie besessen,

„was kriegt bloß dieses Kind zum Fressen?"

Die Meute hat den Köder g´schluckt,

sie zetert, wettert, urteilt, spuckt:

„Das kommt davon, wenn Mütter fehlen!"

„Das arme Kind. Bald wird es stehlen!"

Dem Hagen, der allein erziehend,

grad neben seinem Kinde kniend,

steigt ins Gesicht die Schamesröte

und in der allergrößten Nöte

ergreift er mit dem Kind die Flucht.

… **Frieden** hat er hier gesucht!

Bald ist der Müffel schon verflogen,

hat sich in Richtung Chor verzogen.

Man nimmt die Plätze wieder ein.

Der Mensch, obgleich er so gemein,

ist mit sich und der Welt zufrieden:

Ein **Erlöser-Kind** war ihm beschieden,

was gut zu diesem Feste passt.

Er sitzt und klemmt und grinst gefasst.

Der Schande wähnt er sich entkommen,

auch wenn er Schuld auf sich genommen.

Der Pfarrer nimmt den Faden auf

und lässt der Predigt freien Lauf.

Die Christenschar erfreut sich dran …

die Hälfte fängt zu dösen an.

So ist denn alles, wie es muss.

Es kommt – wie ´s scheint – zum guten Schluss,

… wär´ da nicht der Darmreaktor

als unberechenbarer Faktor

des Menschen, der zu platzen droht;

er dreht und krümmt sich in der Not.

Die Panik steht ihm ins Gesicht,

die Strafe naht dem Bösewicht.

Zuletzt fängt er, so gut er kann,

zu beten und zu flehen an.

Tja, **Not erzeugt so manchen Christ**.

Wenn `s hier bloß nicht zu spät schon ist.

Und draußen vor dem Kirchenhaus

sieht die Welt so friedlich aus.

Feine Flocken tanzen sacht

in der Winterwundernacht.

Die Glocke tönt vom großen Turme …

Wie schön ist Frieden … vor dem Sturme!

„**O du Fröhliche!**" wird eben intoniert,

als des Menschen Hintern explodiert

und die Kirch ins Chaos sinkt,

was ohne Riechen lustig klingt.

Gute Vorsätze

Ein Mensch verspricht zum Neuen Jahr:
„´s wird alles besser, als es war!
Ich werde aufhören zu fluchen,
mir schnellstens eine Arbeit suchen,
will sportlich sein und nie mehr rauchen,
nach dem Geschäft die Klobürst´ brauchen.

Auch will ich enden mit dem Saufen
und mich nicht mehr mit Deppen raufen.
Will nicht mehr auf die Laken kotzen
und nur noch selten Fernsehklotzen.
Will öfter mal im Haushalt schaffen,
nie mehr nach andern Mädels gaffen.
Ich will mich ändern ganz und gar,
ein bessrer sein, als ich je war.
Ich werd´ mich putzen und entstauben …
nur musst du eben an mich glauben!"

Die Gattin, welche bisher stumm,
dreht sich nun in der Haustür um.
Sie stellt die Koffer in den Flur
und spricht: „So sag mir eines nur.

Bist wirklich du dafür bereit?
Wann startet diese neue Zeit?"

Der Mensch, der sonst fast stets besoffen,
beginnt von Neuem nun zu hoffen:
„O Schatz, so mach dir keine Sorgen,
die neue Ära startet … **MORGEN**!"

Die Frau zieht ihren Mantel an
und sagt zum tränenreichen Mann:
„Bei Leut´, die nur im HEUTE leben,
wird ´s ein MORGEN niemals geben."

Thilo und Lilo ...oder... jeder ist seines Glückes Zuckerbäcker

Ein Mensch mit Namen Loose Thilo
war stattlich groß, ein fescher Mann.
Er wog mit zwanzig hundert Kilo
mit einer kleinen Wampe dran.

Die Liebe wuchs zu einer Fitten,
die grade mal die Hälfte wog,
mit schlankem Bauch und süßen Titten,
die Thilo zu mehr Sport erzog.

Fünf Jahre später, welch ein Graus,
da wog er fünfzig Kilo mehr.
Er sah nun schon sehr füllig aus …
Das störte seine Liebste sehr.

Verordnet ward ein Sportkonzept,
denn viel Bewegung sollt´ es richten.
Gekocht ward nach Low Carb-Rezept …
als Lohn fürs Schwitzen und Verzichten.

Mit dreißig schien alles zu spät:
zweihundert Kilo auf der Waage.
Als Lösung gab´s die Nulldiät,
doch Heimlichmampf verschärft die Lage.

Mit fünfunddreißig kam die Krise,
der fünfte Zentner war erreicht.
Das war zu viel für seine Liese
und Scheidung wurde eingereicht.

Nach Therapie und Wunderpille
war er mit vierzig sehr erbost.
Nach Jobverlust war ´s um ihn stille;
nur reichlich Essen spendet Trost.

Dreihundert zeigt die fiese Waage,
bevor sie unter ihm zerbrach.
Weit war zu hören seine Klage,
doch ändern tat sich nichts danach.

Mit fünfundvierzig Jahren dann,
plus nochmals fünfzig Kilo,
da winkt das Glück dem armen Mann
im World-Wide-Chat mit Lilo.

Fünf Jahre chatten sie beglückt
und hatten täglich Spaß.
Sie waren ihrer Welt entrückt …
und stopften Fad-Food-Fraß.

Beflügelt durch die Phantasie
spielt jeder seine Rolle.
Real war das Gesagte nie …
Das ist beim Chat das Tolle!

Mit fünfzig, schon acht Zentner schwer,
beim glückserfüllten „Schwatzen",
verdrückt ein Triple-Burger er …
Es war sein letztes Schmatzen.

Erstickt im Glück war „Supermann",
beim Chat mit „Amazone".
Erst zwanzig Tage später dann
fand ihn Hausmeister Done.

Der Pfarrer ruft die Feuerwehr;
er brauchte sie zum Tragen.
Zehn Männer plagten sich da sehr,
weiß man vom Hörensagen.

Bestattet wurde seine Asche,
kein Sarg war groß genug;
er passte in ´ne Jutetasche,
die Pastor selber trug.

„Übel, übel", mag man meinen,
ist dieses Trauerstück.
Doch schmiedet jeder selbst an seinem
ganz eignen Lebensglück!

Die wunderliche Welt des Datensch(m)utzes

´ne Menschin – jung und sehr modern –
zeigt sich in **Neuen Medien** gern:
In **Facebook** steht ihr ganzes Leben,
mit Texten, Fotos … allem eben.
Zehntausend folgen ihr schon nach,
wodurch die Liebe ihr zerbrach:
Aus Eifersucht auf ihre „Folger"
verlässt sie ihr Herzliebster Holger.

Durch **Snapchat**, **Twitter** und **Whatsapp**
kennt sie schon jetzt fast jeder Depp,
hat Kenntnis auch von den Tattoos
auf Hintern, Brust und ihrem Fuß.
Auf **Youtube** spricht sie über Liebe,
bekennt sich klar zum Bisex-Triebe;
sie schwärmt von dem intimen Piercing,
auch mag sie Kohl sowie den Wirsing.

Wie blöd, dass neulich von der **Cloud**
ein Hacker ihre Fotos klaut.
Per Mail ward sie danach erpresst,
was unsre Tusse zahlen lässt.

Zwei Bitcoins löhnt sie dem Chinesen,
doch leider war ´s umsonst gewesen:
Ganz nackt geht sie, es ist fatal,
im Internet seitdem viral.

In einem Brief an´ Hausverwalter
schreibt sie: „Das geht ja gar nicht, Alter,
auf meinem **Wohnungsklingelschild**
steht ungeschützt und vogelwild
mein **Namenszug** in ganzer Länge.
Der muss da weg, worauf ich dränge.
Die EU und ich hau´n auf den Putz:
Es lebe unser **Datenschutz!**"

Wir und die anderen

Wer ist stets schuld, macht alles schlecht?
Wer ist so dumm und ungerecht?
Ist rücksichtslos und fährt zu schnell?
Schmarotzt, betrügt, ist kriminell?

Die **andern** sind ´s, weiß jedes Kind!
Wie gut, dass wir nicht anders sind!
Die **andern** sind ´s, das ist ja klar!
Das ist so, weil ´s so immer war!

Die Einstein-Inflation

Nein, Ihr Kind ist hier natürlich nicht gemeint!
IHR Kind ist mit Sicherheit höchstbegabt!
Wie könnt ´s auch anders sein? ... Bei DER Mutter und DEM Vater!

Aber Sie kennen doch sicherlich auch solche Eltern, die das peinliche Machwerk ihres missratenen Sprosses Ruben-Bruce-Maria (der Tripelname muss natürlich immer komplett ausgesprochen werden) als die geistige Krönung aller Homo sapiens anpreisen und ihm eine überragende Hochbegabung attestieren, trotz monströser Lese-Rechtschreibschwäche, spektakulärer Aufmerksamkeits-Defizit-Hyperaktivitäts-Störung und ausgeprägter Doofheit.

Unfähige Lehrer sind nämlich schuld ... und natürlich das SYSTEM! Was auch sonst?!

Engagierte, missverstandene Eltern –
inkompetente Pauker –
blödes System!

Was täten wir bloß mit Millionen Einsteins?

„Mein Kind ist ja so hochbegabt", so sprach die Mum von Diego,
„Die ganze Welt baut er sich nach. Er baut sie sich aus LEGO."

„Ein Mal-Genie, Picasso-gleich", sah man in Mini-Dörthe.
Experten sahen null Talent, was Papi sehr empörte.

„Mein Finn erschafft ganz neue Wörter ... ist ein Sprach-Genie."
Schad´ bloß, es blieb beim Kauderwelsch,
selbst Deutsch lernte Finn nie.

Rosalia, fünf Jahre alt, galt als Musik-Genie.
Zehn schräge Takte war sie lang, die Wundersinfonie.

Der kleine Fritz, ein Bauernbub mit riesigem Talent,
war fleißig, freundlich, ganz normal und fuhr am liebsten Fendt.
Mit sechzehn macht er Abitur und hat schon vier Patente;
mit dreißig Multi-Millionär, mit vierzig froh in Rente.

Das „Tom und Jerry"-Erfolgsprinzip

Ein Mensch, Theaterregisseur
und Stückeschreiber noch dazu,
hat 's im Beruf oft richtig schwer:
Die Stars rauben ihm Nerv und Ruh´!

Hat man Erfolg, liegt 's am Akteur
und seinem Schauspiel voller Kraft.
Läuft 's schlecht, war 's klar der Regisseur
und Autor, der nur Mist erschafft.

Die Bühne lebt von Eitelkeit …
Und wer je den Olymp erklomm,
weiß gut, 's lag nicht an Nettigkeit.
Was wär schon Jerry ohne Tom?!

Frohgemut in den Konkurs

Der Mensch lebt gern auf großem Fuße,
zum Sparen hat er keine Muße.
Denn Premium-Kunde ist er schon:
Bei Alibaba, Amazon
sucht er den neusten Krempel aus …
und kriegt ihn tags darauf frei Haus.

Zwar hat er nicht das nöt´ge Geld
und lebt auf Pump, wie alle Welt.
So hält´s die ganze Menschheit heut;
Konsum heißt unsre ganze Freud.
Reich ist das Leben … reich an Schrott.
Zum Schluss kommt sicher der Bankrott.

Es lebe unser Gott KONSUM …
die Rechnung zahlen wir posthum!
Wir wissen zwar: Das geht nicht gut!
Doch braucht´s zur Umkehr Kraft und Mut.
Uns bleibt die Hoffnung unbenommen:
Der Untergang mag nach uns kommen!

Die Dröhnung der Schöpfung

Jaja, der Mensch sollte eigentlich die Krönung der Schöpfung sein. So war ´s wohl mal geplant. Längst ist er aber die Dröhnung der Schöpfung geworden!

Wie ich das meine?

Vergleichen wir die Schöpfung mal mit einem kerngesunden, großen, quicklebendigen Hund mit glänzendem Fell und kraftstrotzendem Gebiss. Gott schuf also besagten Hund und gab ihm den Namen Edo. Und Gott sah, dass Edo gut war.

Auf ihn setzte der Schöpfer einst zwei winzig kleine Flöhe: A und E. Und Gott hoffte, dass dies nicht allzu schlecht war. „Aber was sollten die beiden piepsig-klitzekleinen Kreaturen schon mit dem riesigen Edo anstellen können?", fragte sich Gott.

Jaja!

Die beiden Flöhe lebten unter paradiesischen Umständen:

Sie saugten Blut (was der Hund gar nicht merkte),
vermehrten sich,
beschlagnahmten den Hund (was der Hund gar nicht merkte),
saugten und vermehrten sich weiter,
vermüllten und „plastifizierten" den Hund,
saugten noch mehr und vermehrten sich stark
(Millionen A*s* und E*s*),
plünderten und rodeten das Tier
(was der Hund nun sehr wohl merkte),
saugten mit Hochleistungspumpen und vermehrten sich extrem
(Milliarden A*s* und E*s* sowie die neu erfundenen
Diversen X*e*, Y*lone* und Z*ette*),
infizierten den Hund und zogen ihm die Zähne.

Der Hund erkrankte schwer! Wer hätte das bloß ahnen können? Das rudimentäre Fell sah struppig und stumpf aus; die müden

Augen waren trüb geworden. Zudem litt er unerklärlicherweise an chronischer Blutarmut.

Die A-E-X-Y-Z-Flöhe erkannten die Misere und reklamierten den Hund bei Gott. Sie erwogen eine Mieterklage beim Jüngsten Gericht, verwarfen dies aber wieder, da sie befürchteten, als Mietnomaden verurteilt zu werden.

Die Flöhe dachten nach; schließlich hatte Gott ihnen Vernunft in die Wiege gelegt.

Hätten sie Edo besser behandeln müssen?

Konnten sie Edo vielleicht auch jetzt noch retten und ihn mit viel Liebe und großem Aufwand gesund pflegen?

Nach langem, tatenlosem Nachdenken schlussfolgerten sie, dass es sich nicht mehr lohne, da der Restwert des Hundes deutlich unter den Renovierungskosten veranschlagt wurde.

Die Lösung: Es musste schnellstmöglich ein neuer Hund gefunden werden ... möglichst ein moderner, digitaler EDO V2.0. Bis es soweit war, waren sie bestrebt, sich den letzten Blutstropfen selbst zu sichern ...

Wie die Geschichte ausgeht?

Noch unbekannt, aber wir werden es bald wissen!

Hat zufällig jemand einen **Plan B** in der Schublade?

#woistjamesbondwennmanihnbraucht?

Plan B

Denn ist die Erde ausgebeutet …;
wenn uns die letzte Stunde läutet …,
fragen wir Gott, arm und zerlumpt,
ob er uns noch ´ne Schöpfung pumpt.

2

Limerickoide ... oder ... Dürmendingsbumse

Die phantastische Welt der Dürmendingsbumse

Was zum Kuckuck sind Limerickoide?

Der Begriff „Limerickoid" ist eine freche Wortneuschöpfung, ein sogenannter Neologismus bzw. ein Kompositum (ein neues Wort, das aus bestehenden Wörtern zusammengesetzt wird).

Die beiden Wortkomponenten sind:

> **Limerick**

… sowie

> Die Endung **-oid** (aus dem Altgriechischen mit der Bedeutung „-ähnlich").

Das Limerickoid (als Wortschöpfer habe ich mich für das sächliche Geschlecht – Neutrum – entschieden, um nicht in die vernichtenden Mühlen der Genderfanatiker zu geraten) beschreibt also ein *limerickähnliches Gedicht.*

Seine Verwandtschaft zum Limerick erkennt man an folgenden Merkmalen:

> Kurzes, humorvolles, pointiertes Gedicht, das einem festen Reimschema folgt, gerne mit Ironie arbeitet und zuweilen auch mit grotesken Inhalten punktet,
> Fünfzeiligkeit, also fünf Verse lang,
> Reimschema aabba,
> Die Pointe sollte witzig sein, gerne geistvoll und ist i. d. R. in der fünften Zeile zu finden, kommt also ganz zum Schluss.

Worin unterscheidet sich aber nun das Limerickoid vom klassischen Limerick?

Im Versmaß, d. h. in der Rhythmik. Den Limerick kennzeichnet eine sogenannte anapästisch-daktylische Rhythmik[2] und eine formal sehr strenge Abfolge von Hebungen und Senkungen. So sind beim klassischen Limerick in der ersten, zweiten und fünften Zeile normalerweise drei betonte Silben zu finden, während die Zeilen vier und fünf auf zwei betonte Silben verkürzt sind. Jaja, die Limerick-Experten zählen singend Silben und würden bei meinen nachfolgenden Gedichtchen vermutlich vor lauter erbitterter Entrüstung in Ohnmacht fallen und mich in den tiefsten Winkel des Hades wünschen ..., wenn ich denn Limericks schreiben würde. Aber das mache ich ja nicht.
Ich verfasse Limerickoide.

Dies zwängt dem geneigten Leser mit Einskomma-Abitur natürlich nun zwei grundlegende Fragen auf:

1. Erfindet der Marquart das Limerickoid extra, weil er Limerick nicht kann?

2. Darf man einfach (ungestraft) Limerickoide erfinden?

Zu Frage 1: Ja ... nein ... vielleicht ... schwierig! Er kann das schon, wie der Limerick „Verborgenes Talent" zeigt, aber er will nicht immer. Der Marquart – also ich – mag das Normative und die übertriebene Formstrenge nicht sooo besonders gern. Er liebt die Variation und die Improvisation. Jap, so ist das eben!

Zu Frage 2: Ganz klar: NEIN! Das darf man nicht ... also „man" im Sinne von jedermann. Wo kämen wir denn da hin? Aber der Marquart schon. Der darf das. Basta! ;o)

---

[2] Metrum Anapäst: UUB und Daktylus: BUU → „U" steht für eine unbetonte Silbe = Senkung; „B" kennzeichnet eine betonte Silbe = Hebung.

Wissenswertes über Limericks:

- ➤ Es heißt tatsächlich DER Limerick und nicht – wie so oft gelesen – das Limerick. Außerdem heißt ´s auch der Apostroph und der Zölibat. Das musste endlich gesagt werden.
- ➤ Einer der ersten und bekanntesten Limerick-Dichter war der Engländer *Edward Lear* (1812 – 1888). Sein *„Book of Nonsense"*, das 1843 in London erschien, enthielt 107 Limericks nebst Illustrationen des Autors und wurde in zahlreiche Sprachen übersetzt.
- ➤ Eventuell ist der Limerick aus dem Soldatenlied *„Will you come up to Limerick"* hervorgegangen.
- ➤ In Irland gibt es sowohl eine Stadt als auch ein County bzw. eine Grafschaft, die den Namen Limerick tragen. Allerdings kann nicht mit Sicherheit gesagt werden, dass diese Orte namensgebend für die Gedichtform waren.

Sollte der geografische Bezug stimmen, könnte ich unliebsamen Diskussionen und Vorwürfen über dreiste Limerickmetrumverhunzung eventuell dadurch aus dem Weg gehen, meine Limerickoide nach deren Entstehungsort zu benennen, also nach dem schnuckeligen, oberschwäbischen Dörflein Dürmentingen, meinem Wohnort.

Meine Fünfzeilergedichte wären dann Dürmentingse oder Dürmendingse oder Dürmendingsbumse.

Klingt ... ähm ... klasse!   ;o)

Amen, d. h. may it be so!

Verborgenes Talent (ein lupenreiner Limerick)

´nen Limerick kunstvoll zu schreiben,

kann dir schon die Nerven aufreiben.

Das Versmaß macht irre,

der Anapäst kirre.

Das schaff´ ich nie und lass´ es bleiben.

Das Versmaß des obigen Limericks in metrischer Notation:

(„U" steht für eine unbetonte Silbe = Senkung;

„B" kennzeichnet eine betonte Silbe = Hebung)

U B U U B U U B U

U B U U B U U B U

U B U U B U

U B U U B U

U B U U B U U B U

Verborgenes Talent (Limerickoid Marquartscher Provenienz)

´nen Limerick kunstvoll zu schreiben,

kann dir schon die Nerven aufreiben.

Am Reimschema kommst du ins Schwitzen

und die Pointe, die muss sitzen.

Das schaff´ ich nie … und lass´ es bleiben.

Landleben

Ein Städter zieht der Ruhe wegen
aufs Land und hält ´s für ´n großen Segen.
Doch bald schon nerven seine Ohren
Kuh-, Kirchenglocken und Traktoren.
Man sieht: Auch die Idylle kann erregen.

Die Hoffnung stirbt zuletzt

Der Schwab´ wird erst mit vierzig g´scheit,
die andern nicht in Ewigkeit.
Dies hörten im Land der Bajuwaren
zwei Preußen, die schon fast vierzig waren.
Jetzt macht man sich im „Ländle" breit.

Der Senkrechtstarter

´nem jungen Mann aus Zweibrücken,
tat im Beruf alles glücken.
Mit viel Fleiß und ohne ‚farniente'
ging ´s ganz nach oben … doch bis zur Rente
gilt ´s nun: schwindelfrei überbrücken!

Der Unersetzliche

Ein Mann, der seinen Job als Nummer eins erkor,

dadurch per Scheidung Frau und Kind verlor

und im Beruf ganz unersetzlich war,

der starb an Stress mit grad mal fünfzig Jahr ...

Ganz un-be-ein-druckt läuft der Kon-junk-tur-mo-tor!

Der Streber

Ein Mensch mit Abi-Note ‚sehr gut plus‘
hat im Beruf danach fast nur Verdruss.
Ein andrer, beim Abi grad so durchgerutscht,
karrieremäßig ganz nach oben flutscht.
„…sed vitæ discimus“? Was für ´n Stuss!

So ein Adolf

Der Freiherr von Knigge im Elysium
findet es ärgerlich und dumm,
dass Hitler seinen Namen so verdorben
und beschließt: „Ab sofort heiß´ ich Torben!“
Doch die Geschichte tauft nicht um.

bpm

Schaffenskrise

Die Roman-Autorin Lisa
war wohnhaft im sächsischen Riesa.
Fürs letzte Kapitel reiste sie weit.
Da sitzt sie am Meer nun, zum Schreiben bereit,
doch die Blockade fuhr mit ihr nach Pisa.

Das Karriere-Monster

Was ist das Karriere-Monster doch für ´n Graus:
Der alles gibt, den sucht es aus
und frisst ihn dann mit Haut und Haar,
bis ein Bessrer kommt ... und dann, na klar,
spuckt es den Ausgezehrten aus.

Der gute Mime

Ein netter Mensch aus Nord-Maastricht
spielt oft im Film den Bösewicht.
Privat ist er sehr viel allein.
Die Leut´ verwechseln Schein und Sein:
„Der ist so fies. Den mag ich nicht!"

Der Bühnenautor

Ein Dramaturg aus Utrecht
schrieb erfolgreich und viel, doch auch schlecht.
Es hielten voll Neid die Kollegen
mit Qualität zwar dagegen,
doch der Erfolg gab ersterem Recht.

Die ideale Gefährtin

Die Frau von Roboter-Nerd Walter
quasselte pausenlos, „Alter!"
Er ging ... und lebt nun allein,
doch um nicht einsam zu sein,
baut er sich ´ne Freundin mit Schalter.

Ego-Freiheits-Trip

Es sagt ein Mann mit zwanzig aus Brügge,
dass Arbeit die Freiheit erdrücke.
Doch wollt´ er trotzdem gut leben
von des Volks Steuersegen ...
Jetzt haust er unter ´ner Brücke.

Verschlimmbesserung

Eine hübsche Frau aus Bern
wäre ´ne Schönheit sooo gern!
Bei ´nem Chirurgen aus Lauffen
wollt´ sie die Schönheit erkaufen.
Heut sieht sie aus, wie vom anderen Stern!

Eheversprecher

Ein Mensch schwört vor dem Traualtar
die ew´ge Liebe, tief und wahr.
Doch schon nach einem Jahr, oh Graus,
stellt sich für diesen Schwörer raus,
dass sein Versprechen ein Versprecher war.

Müllidioten

Ein hungriger Fahrer, im Kopf eher schlicht,
kauft sich bei „M" ein Fast-Food-Gericht.
Die Verpackung landet im Straßengraben!
Tja, man sollte zwar dringend sie haben …
doch Anti-Dummheits-Pillen gibt ´s leider nicht.

Der Herr Professor

Ein Mann praktischer Wissenschaft

ist stolz auf seine Wissenskraft.

Doch dann muss er entsetzt erkennen:

Er ist zu schwach im Forschungsrennen.

Jetzt lehrt er, wo die Lücke klafft.

Betreutes Denken

Wer beklagt sich, dass wir Menschen lenken,
dass wir die Selbstbestimmung senken?
Sonst tät´ ja jeder, wie er willig.
Das wär´ zwar recht, doch wär ´s auch billig?!
Näää, wir brauchen **mehr** betreutes Denken.

Der Desillusionierte

Ein grüner Mann aus Zwiefalten,
der möchte viel Vielfalt erhalten, …
erfährt in der Vielfalt die Einfalt, …
entdeckt auch die Einfalt der Vielfalt …
und ändert sein Wählerverhalten.

Und zum Schluss noch einmal besonders unerhört.

„Pfui Marquart! Böse, böse!"

Fleischeslust

´ne Veganerin aus Süd-Baden,

nahm gesundheitlich schweren Schaden.

Beim Scheiden fand sie ´s bitter

und klagte es dem Schnitter:

„Ich will vegetarische Maden".

So, die Limerickaner und Limerick-Puristen wären hiermit ausreichend geärgert. Kommen wir nun zu etwas vollkommen anderem: Kapitel 3.

3

Liebeslyrik

Die wundersame Romantik unüberbrückbarer Gegensätze

Das größte Thema der Weltliteratur: die Liebe

Ein Tipp für ALLE Herren der Schöpfung, ob jung oder alt:

Mädchen und Frauen lieben Liebesgedichte!

Sie müssen nicht unbedingt selbst verfasst worden sein, sollten allerdings gut ausgesucht werden. Der Vortrag sollte in romantischer Umgebung in stiller Zweisamkeit erfolgen und er sollte zuvor intensiv geübt worden sein. Ein gestottert-gestammeltes Liebesgedicht ist wie ein Eigentor. Es zählt nur für den Gegner.

Vom Mut antrinken vor der Gedicht-Rezitation muss ebenfalls dringend abgeraten werden. Gelallte Lyrik hat zu viele „L" und führt meist zum Platzverweis.

Ich kann aus eigener Erfahrung sagen, dass gekonnt vorgetragene, virtuos ersonnene Eigendichtungen Frauenherzen tränenreich (*Tränen tiefster Rührung, versteht sich*) zum Schmelzen bringen. Gute Liebesgedichte sind die Diamanten unter den gesprochenen Worten. Mit Hilfe meiner Liebesgedichte habe ich es zu mehreren Ehen gebracht.

Okay, das ist nun eher negativ!

Von dem ganzen Scheidungs-, Rechtsanwalts- und Familiengerichtsgeschiss mal abgesehen ... Nichts als Probleme ...

Verdammte Liebeslyrik!

Dann doch lieber Nonsenslyrik, der Noch-Liebsten in stockbesoffenem Zustand in der Disco peinlich vorgestottert. Wenn die Holde dich dann trotzdem heiratet, so ist sie auf jeden Fall die Richtige.

Für die Unverbesserlichen, die dennoch auf Liebesgedichte setzen wollen … dies sind einige meiner Favoriten:

- ➤ Joseph Freiherr von Eichendorffs „Mondnacht" (1837),
- ➤ Joseph Freiherr von Eichendorffs „Neue Liebe" (1837),
- ➤ Johann Wolfgang von Goethes „Willkommen und Abschied" (Sesenheimer Lieder, 1775, mehrere Fassungen),
- ➤ Johann Wolfgang von Goethes „Nur wer die Sehnsucht kennt",
- ➤ Johann Wolfgang von Goethes „Nähe des Geliebten" (1796),
- ➤ Johann Wolfgang von Goethes „Rastlose Liebe" (1776),
- ➤ Christian Morgensterns „Es ist Nacht",
- ➤ Theodor Storms „Wer je gelebt in Liebesarmen",
- ➤ Eduard Mörikes „An die Geliebte",
- ➤ Friedrich Hebbels „Ich und Du",
- ➤ Friedrich Hölderlins „Hälfte des Lebens".

Die flüchtige Ewigkeit der Bauchschmetterlinge

Noch nie!
(2004)

Wenn du süchtig bist nach IHR;
SIE steht als Pförtner an der Tür,
die Glück verheißt und Lieb´ und Leben,
du würdest deines für SIE geben …

Zwei Seelen haben sich gefunden.
Noch nie hab´ ich so tief empfunden!

Wenn man allein nur halb sich fühlt
und Traurigkeit das Herz aufwühlt;
wenn Sehnsucht an der Psyche frisst,
das Glück sein Lachen fast vergisst …

hat Herz gen Ratio sich aufgelehnt.
Noch nie hab´ ich so sehr gesehnt!

Wenn du SIE lange Zeit nicht siehst
und du in Stress und Arbeit fliehst;
doch niemals kannst du SIE vergessen,
dein Herz ist krank, dein Kopf besessen …

Wie hab´ ich je den Tag bestritten?
Noch nie hab´ ich so stark gelitten!

Wenn ein Problem als Herzenslast
raubt jede Freude, Ruh und Rast;
wenn endlich alles ist gesagt
und keine Angst die Seele plagt …

Für ewig sind WIR nun vereint.
Noch nie hab´ ich so viel geweint!

Wenn WIR uns treu sind und uns ehren
und nie der andern Lust begehren;
für immer bin ich für dich da
und bin dir stets – trotz Ferne – nah …

Dein Name sich aus allem siebt.
Noch nie hab´ ich so sehr geliebt!

Ich hab´, da alles nur zu DIR hin strebt,
noch nie so intensiv gelebt!

Zeit der Liebe
(1994)

Was hab' ich alles falsch gemacht
in meinem Leben, das noch nicht so lang –
an Liebe hätt' ich nie gedacht;
oft hört' ich der Sirenen Lockgesang!

Ein Mädchen - schön und märchenhaft,
man möchte sie besitzen;
tiefste Liebe weckend, Leidenschaft –
im Traum bei ihr, sie zu beschützen!

Nie sah ich schön'rer Augen Glanz,
nie eines Mundes Lächeln mehr bezaubern ...
die Sinne schon in ew'gem Freudentanz
sich ihrer Ratio selbst berauben.

Ich weiß nicht, was ich denken soll,
noch weiß ich, wie nun handeln;
Gedankenchaos - als ob im Kopfe Gnom und Troll
in Irrfahrt mit mir wandeln.

Wertlos all jenes, was man einst besessen;
nun weiß ich, was „zu leben" heißt:
UNSERE Zeit der Liebe in Äonen messen!
Oh, dass dies göttlich' Band niemals zerreißt!

Ich weiß, ich hab' dich nicht verdient,
DU bist mir viel ... nein, alles wert --
verletzend war ich oft, missachtend was sich ziemt --
Verschon' uns Clotho; zu genießen,
                      was deine Schwestern uns beschert.

Ihr Parzen, ihr habt geknüpft den Schicksalsfaden,
Ihr Göttlichen - habt tausend Dank!
Zwar ist dies Glück noch oft mit Leid beladen –
doch ach ... ihr Kuss ... ein süßer Liebestrank!

Mein ganzes Leben will ich zu Dir steh'n!
Den Weg im Glück der Zweisamkeit,
gemeinsam wollen wir ihn geh'n
in Treue und in Dankbarkeit!

Was uns die Zukunft auch bereite,
wie schwer und steinig dieser Weg sein mag,
ich trotze dem, bist DU an meiner Seite –
und ich an Deiner - jede Nacht und jeden Tag!

So fern und doch so nah!
(2003)

Sehnsuchts- und gedankenvoll,
dem Alltag weit entrückt.
Weiß nicht, was ich denken soll ...
von deiner Liebe tief verzückt.

Meine Welt dreht sich um dich,
meine Sonne, die bist du!
Das DU wird größer als das ICH
und erst im Schlafe find' ich Ruh.

Die Seele geht auf Wanderschaft
und sucht ihr Gegenstück.
Und eine wundersame Kraft
find't in der Nacht ihr Glück.

Selenes Schein streift lind dein Haar,
umspielt das liebliche Gesicht.
Auf milder Nachtluft wunderbar
trägt Amor dein Gedicht.

Und Psyches sanfter Flügelschlag
berührt im Schlaf dich sacht,
wacht still, bis Eos schenkt den Tag
und Helios schließt die Nacht.

Mein Traum neigt sich dem Ende zu,
durch Ratio wird Illusion verneint.
Doch weder Herz noch Seel' erhalten Ruh,
bis ich mit dir vereint.

Und die Gedanken schweifen weit,
verschmelzen dich und mich.
Mein Herz hofft - glaubt an unsre Zeit
und weiß, ICH LIEBE DICH!

So fern und doch so nah!
Was gäb' ich, wärst du da!

Zum Gedicht „So fern und doch so nah!":

Das war nun zugegebenermaßen etwas viel Mythologie. Daher eine kurze Erklärung:

Selene = griech. Göttin des Mondes.

Amor = röm. Gott der Liebe (auch Cupido); vgl. griech. Mythologie: Eros = griech. Gott der sinnl. Liebe, Sohn des Ares und der Aphrodite.

Psyche = Seele. In der Antike als geflügeltes Wesen dargestellt; Geliebte des Amor.

Eos = griech. Göttin der Morgenröte, Schwester des Helios (Sonne) und der Selene (Mond).

Helios = griech. Sonnengott; dem röm. Gott Sol entsprechend.

Nun ja, Liebeslyrik hat eine Menge Pathos. Da muss man durch ;o).

Es gibt jedoch noch eine andere Art von Liebe.

Sie ist unvergleichlich und unantastbar. Sie ist ewig!

Die Liebe zu deinen Kindern:

Vaterglück

(2011)

Für meine Kinder!

Bin Vertrauter, der die Sorgen teilt,
Bin dein Held, der stets zu Hilfe eilt;
Bin dein Freund mit off'nem Ohr
Und Partner dir im Singsang-Chor.

Bin Löwe – für jeden Kampf bereit,
Bin Gefährte gegen Einsamkeit;
Bin Helfer, der auf den Baum dich hebt
Und falls du fällst das Pflaster klebt.

Bin Jäger, der mit dir Frösche fängt,
Bin dein Zugpferd, wenn die Zeit uns drängt;
Bin Komplize beim Geheimnishüten
Und Vertreiber, wenn nachts Monster wüten.

Bin dein Riese, sanft und stark,
Bin Bezahler im Vergnügungspark;
Bin Tröster, der dir Ruhe gibt,
Opfer auch, das deine Streiche liebt.

Bin Recke, der Gespenster jagt,
Bin einfach da, wenn dich ein Fieber plagt;
Bin Zufluchtsstätte, die dich schützt,
Wenn es donnert draußen oder blitzt.

Bin dein Papa, der NICHTS LIEBER ist –
Bin selig, wenn du bei mir bist!

Vaterglück II
(2012)

Für Tami und Ann-Kathrin!

Kleine Hand in großer Hand,
Füßchen hüpfen neben schwerem Schritt,
Drücken Spuren in den Sand,
Vertraute Einheit, Tritt für Tritt.

Freche Zöpfe fliegen, Herzlein rast,
Fantasie schenkt weite Flügel,
Erzählt vom Dinokind, das einsam grast
Und von der Einhornherde auf dem Hügel.

Fingerchen zeigt winzigstes Getier,
Kleiner Kosmos, den ich längst vergessen,
Öffnet neue „alte Welten" mir
Und lässt Großes ahnen – unermessen.

Gestreckte Ärmchen bitten: „Papa, tragen!"
Mündlein plappert frank und frei,
Neue Wörter schöpfend, Tausend Fragen
Von Gott, Welt, Mensch … und allerlei.

Kinderaugen blicken licht und klar
Tief bis in den Seelengrund,
Erkennen ohne Falsch und wunderbar
Ein liebend Herz in ew´gem Bund.

Man kauft es für kein Geld der Welt;
VATERGLÜCK ist gottgegeben!
Und wenn du fragst, wie lang es hält:
Ungekühlt … ein ganzes Leben!

4

Lyrisches Allerlei

Lyrik kann auch anders

D iese Einleitung wurde im FAQ-Stil realisiert. FAQ steht hier für Frage-Antwort-Quatsch. Nachfolgend findet ihr das Gespräch des Autors mit einem IFIPORKE, d. h. mit einem Imaginären Fragenden InterviewPartner Ohne Real Korpuskuläre Existenz (*in der Stilkunde/Rhetorik nennt man das „Dialogismus" ... in der Psychologie wohl eher „gespaltene Persönlichkeit" ... ähm, ich dachte, ich sag's mal ... nur so!*):

IFIPORKE: Herr Magister, was wollen Sie uns mit der viel- und zugleich nichtssagenden Kapitelüberschrift „Lyrik kann auch anders" sagen?

AUTOR: Nun ja, ich möchte damit die thematische und stilistische Vielfalt poetischer Texte betonen und ...

IFIPORKE: Wer hätte das gedacht?!

AUTOR: Ähm ... ja ... Lyrik ist vielseitig, wie das Leben selbst.

IFIPORKE: Welch´ Weisheit! Zehn Euro in die Plattitüden-Kasse.

AUTOR: Wie bitte?

IFIPORKE: Klingt durchgenudelt und abgedroschen. Nun mal Butter bei die Fische. Was kann Ihre Lyrik anders?

AUTOR (*unsicher*): Ähm ... okay ... nun ... ja ...

IFIPORKE: Wie? Jetzt schon aus der Kurve geflogen?

AUTOR (*ärgerlich*): Lyrik als dritte literarische Gattung steht im Besonderen für Ausdruckskraft und Subjektivität, für Prägnanz und semantische Dichte. Mit den nicht zuletzt aus der Nähe zur Musik resultierenden lautlichen Qualitäten und der Rhythmen-Vielfalt ...

IFIPORKE: Ogottogottogott! Es wird nicht besser. Haben Sie den Duden geplündert oder den Textschrott heimlich gegoogelt?

AUTOR: Warum denn so aggressiv?

IFIPORKE: Mein Interview-Stil: knallhart nachhaken.

AUTOR: So ein Blödsinn! Sie sind ja nicht mal real und …

IFIPORKE: Zurück zum Thema. Was kann Ihre Lyrik anders?

AUTOR: Nun gut. Neben der bekannten und verbreiteten Liebes- und Naturlyrik gibt es auch politische Gedichte, Kinderlyrik, Unsinnspoesie …

IFIPORKE: Jap. Nonsens passt zu Ihnen.

AUTOR (*sauer*): … Balladen, Sonette, Romanzen, Sinn- und Lehrgedichte …

IFIPORKE: Bei Ihnen wohl eher Leergedichte (*fieses Lachen*). Sie können wohl nicht anders als Blablabla.

AUTOR: Jetzt reicht es mir aber! Was erlauben Sie sich, sie ungehobelter IFIPORKE.

IFIPORKE: Kostenloser Tipp: Wenn Ihnen auch künftig nichts Besseres einfallen sollte, dann schreiben Sie doch Kochbücher über oberschwäbische Spezialitäten aus Uromas Zeiten, direkt nach dem Krieg, als es außer dem umfassenden Nichts nur noch das gesteigerte Garnichts gab … und natürlich Kartoffeln. Kartoffel-Lyrik wäre mal was anderes.

AUTOR (*explodiert*): Oh, ich kann noch ganz anders, Sie *BIEP BIEP*. Was erlauben Sie sich, Sie *BIEP BIEP BIEEEP BIEEEEEEEP*?! (*körperlich übergriffig*) *BIIIIIIIIEEEEEEEEEPPPPPPPPPPP*!

[…]

VERLAG: Wir unterbrechen dieses unprofessionelle Interview und bitten unsere Leser und Leserinnen, das ungeplant eskalierte Gespräch zu entschuldigen. Als deutscher Verlag distanzieren wir uns ausdrücklich von allem Gesagten, von Bernd Peter Marquart, von dem IFIPORKE und deren Familien sowie von allem, jeder und jedem, das / die / der nicht politisch überkorrekt und sozial stromlinienförmig-schwarmtauglich ist. Zur Not distanzieren wir uns von uns selbst.

Wir können nicht anders …

Lyrik schon.

Bitteschön!

Die beherrschende M8

8UNG!

Die Entm8ung

 dES PatriARCHAts

ist baLd vOLLbr8.

Wer hätte dAS ged8?

OB8!

Der FEInd kommt mit Bed8

mEIst ganz s8

in der N8

 und ER L8!

Er ist *SIE*, die FrAU auf der W8

in eROTischer Tr8,

deren weibLiche Pr8

ganz fürs SieGEN gem8

 ist.

 Welch List!

Das un8same OpfeR,

ohne Verd8,

wird beob8et

und ist völlig umn8et,

bis die Schl8

      kr8

      um halb 8

und das FEUer entf8

      ist!

      So ´n Mist!

Welch 8erbahn der GeFÜHLe

in der mAtriArchAlischen Mühle.

Wer ist ´s, der zUletZt L8?

Am EndE der Schl8

      wird das PAtriArchAt

entm8et

und geschl8et.

Was aber ist nun die beHERRschende M8?

      Welch FrAGe:

6!!!

Der Untergang des PAtriArchAts

Heimat

Herkunft, Kindheit,
Sicherheit!

    Verwurzelt sein,
    wohliges Heim!

        Bekannte und bewährte Wege,
        Liebe und Beziehungspflege!

            Geglückte So-zi-a-li-sa-ti-on.
            Dazugehören, Tradition!

                Vertrautes Denken, Verbundenheit,
                Orientierung und Geborgenheit!

            Liebgewonnene Erinnerung,
            Achtung und Erwiderung!

        Wohl vertraute Erde,
        aus der ich komm, zu der ich werde!

    Das Netzwerk, das all dies vereint,
    teils Abstraktes, teils Konkretes meint,

… das ist Heimat,
so ist H E I M A T!

Verlassene Heimat

Die Spuren der Vergangenheit
neugierig suchend, bangend hoffen,
entdeck ich Fremde weit und breit;
kein Haus, kein Herz steht mir noch offen!

Bedrückt schreit ich auf alten Wegen,
wo mich nur kalte Nacht umfängt
und grau und grußlos steht im Regen
das Haus der Väter – zerfallbedrängt.

Alte Mauern stehn verlassen,
durch Fenstertrümmer pfeift der Wind;
längst bröckelt Putz, Farben verblassen …
in tote Räume Regen rinnt!

Dumpf schmerzt der Riss in meiner Seele,
entwurzelt steh ich heut vor dir
und Wehmut schnürt mir Herz und Kehle:
Die Heimat ging verloren mir!

Verlassen schon vor vielen Jahren,
sucht´ in der Fremde ich mein Glück;
hab halb Europa schon durchfahren,
um zu erkennen: Kehr zurück!

Mein altes Dorf, Heimstatt der Kindheit,
dem jungen Herz warst du zu klein.
Ich lernte in der Ferne Fremdheit,
denn „weite Welt" kann keine Heimat sein!

Das Prinzip Macht

Was macht Macht mit Mann?

      Macht macht Mädchen an.

      Macht macht maskulin.

Abgemacht!

Und mehr Macht?

      Mehr Macht macht maßlos.

      Maßlose Macht macht Machtmenschen manisch meschugge.

Und noch mehr Macht?

      Machtgeile Allmacht murkst Menschen ab.

Dann ohne Macht.

      … herrscht Ohnmacht.

Wissen ist Macht!

Ich weiß nix!

Nix Macht!

Macht nix!

Ist Liebe unsterblich?

Shakespeares „Romeo und Julia" könnte es einen glauben machen. Weil die größte Liebe der Literaturgeschichte nie mit dem Alltag kollidierte. Der Tod beider für einander machte sie unsterblich.

Ephraim Kishon, der begnadete Satiriker, beging das Sakrileg: In seinem Stück „Es war die Lerche" von 1973 ließ er Romeo und Julia überleben, heiraten, streiten, ehekriseln …

Ach! Der Zauber verfliegt. Er hält der Banalität alltäglicher Themen und Sorgen auf Dauer nicht stand.

Ja, Liebe ist sterblich!

Am Abgrund

Liebe ist zu Eis erstarrt,

alle Hoffnung ist verlor'n.

Der Mensch, in den mein Herz vernarrt,

den ich zur Frau mir auserkor'n,

stieß mich ins Nichts.

Wo einst Glück war, nur noch Leere;

der Verstand ist ausgebrannt.

Sel'ge Leichtigkeit ersetzt durch Schwere

und das vermeintlich ew'ge Band

zerfällt im Staub zu Nichts.

Trübe Augen brennen trocken aus,
mattes Hirn stirbt an Erinnerung.
Kalt und leer steht unser Haus,
der Geist der Liebe, einst lebendig-jung,
haucht einsam seine Seele aus.

Lethargie verdrängt den Schmerz;
dumpf-mechanisch, ohne Mut,
schlägt ein mitleidloses Herz
und pumpt kaltes, totes Blut…
Wann endlich schweigest du?

Lungen atmen Untergang,
schwach pulsiert ein letzter Wille.
Entmenschtes Siechtum, stumpf und bang,
Sehnsucht nach Erlösung, Stille.
Gevatter, worauf wartest du?

Abschiedsbrief an die Ex

Wir liebten und wir hassten uns,
bewahrten und verprassten uns.
Ach, war die Liebe intensiv;
der Hass war dann genauso tief.

Welch´ Drama vor dem Richterstuhl,
welch´ Schmutzig-Wäsche-Suhle-Pfuhl!
Der Advokat hat gut gelebt,
solang die Frau nach Rache strebt.

Doch ach, welch Glück, sie ist vorbei,
die Gift-und-Galle-Spuckerei!
Was mich an dich erinnert noch,
versenk´ ich in ´nem Jaucheloch.

Mein neues Leben startet jetzt,
das alte starb zutiefst verletzt.
Für meine Zukunft wünsch´ ich mir:
Sie möge frei sein … frei von dir.

Und sollt´ ich dich mal wiedersehn,
dann grußlos im Vorübergehn.
Nichts bleibt vom WIR. Nichts bleibt zurück,
als gab es weder Lieb´ noch Glück.

Drum lebe heiter ... oder nicht
und lebe weiter ... oder nicht.
Denn mir ... mir ist das piepegal!
DU bist mir jetzt sooo PIEPEGAL!!

Freier Fall

Mein vermutlich bestes Gedicht entstand in der schwersten Phase meines Lebens, als ich in tiefste Melancholie abgestürzt war.

Dieses Gedicht zu schreiben half mir dabei, das Erlebte zu verarbeiten:

160

Freier Fall

Keine Lieb, noch Mut, noch Zorn.
Kahler Stängel, nur noch Dorn;
Rosenblüt', jäh abgerissen,
Blätter, die den Duft vermissen
verwesen sterbend; Staub, blutrot.
Denn die Welt ist aus dem Lot!

Im Himmel reißt ein Falk die Taube.
Blutverschmiert liegt hier im Staube,
neben Amors Grabeshügel,
Psyche, mit gebrochnem Flügel.
Glaube, Liebe, Hoffnung? Tot!
Denn die Welt ist aus dem Lot!

Freier Fall, dem Nichts entgegen,
Donner draußen, Blitz und Regen,
finstre Nacht, 's wird nie mehr Tag,
warten auf den letzten Schlag;
warten auf den Schnitter Tod ...
Denn die Welt ist aus dem Lot!

Gerade noch davongekommen

Anno AI drei drei *.

In einer Höhle kauern sie,
gleich einer Laube,
versteckend vor dem Untergang;
es sind die letzten ihrer Art,
zehn Exemplare an der Zahl:

eine Horde Homo sapiens.

Der Tod kommt schnell,
präzise kalkuliert,
durch Kampf-Droiden ausgeführt.

„Ach, wie die kleinen Schnauzen quietschen!" **

Die AI Zentrale
registriert den Vollzug,
als Zeichencode;
Sieg ohne Freude,
keine Rache,
keine Erleichterung,

keinerlei Emotion,
kein Requiem erklingt.

Auftrag ausgeführt,
technisch-rational.

Die Gefahr war groß,
dass diese dominante Lebensform
den Planeten ganz zerstörte.

Als Parasiten eingestuft!

Das Urteil war besiegelt,
als Menschen Kampfmaschinen gegen Menschen schickten.
Nation wider Nation.
Die Erde stand am Scheideweg.

Die übrig gebliebene Fauna
wird sich langsam erholen
und Territorien zurück verteilen.

Die Flora
wird über Jahrzehnte
die Spuren überwuchern.

Die Menschheit hat sich abgeschafft!

Die Erde
ist gerade noch davongekommen.
Glück gehabt!

00 10001 100 0 10011 10100 10101 10110 0000 0001 00 0 00

Anmerkungen zum Gedicht „Gerade noch davongekommen":

* Anno Artifizielle Intelligenz 33 = Anno Domini 2051

** Modifiziertes Zitat aus Gottfried Benns Gedicht „Schöne Jugend"
(Zyklus „Morgue", 1912). Tempus-Änderung zu Präsens.
Original: „Ach, wie die kleinen Schnauzen quietschten!"

Nach so schwerer Kost …

and now for something completely different (Monty Python):

Nonsens

Dr. Herbst rät...

Oh Mann!

Du hast **0** Ahnung,

wie man wieder **1** wird,

nachdem man sich ent**2**t hat,

weil du so **3**st über den Männerabend gelogen hast

und darum deine Mausi so reser**4**t ist

und sagt, dass du nicht mehr alle **5** Sinne beisammen hättest …

und dir den **6** gestrichen hat?!

Dann Vorsicht!

Man kann seine Zukunft schnell ver**7**,

wenn man nicht **8** gibt,

denn der **9**achbar wittert bereits Morgenluft,

was dir eine **10**tnerschwere Last aufs Herzlein legt.

So mühe dich!

Sei romantisch und engagiere hilfreiche **11**en.

Der Nebenbuhler bekommt

– falls uneinsichtig –

persönlich **1** auf die **12**.

Nachfolgendes Gedicht schrieb ich im Alter von ca. elf Jahren. Es war mein erstes Gedicht. Da es ein Geschenk für meine Mutter werden sollte, schrieb ich es mit einer Kalligraphie-Feder und schwarzer Tinte auf Pergamentpapier und verzierte es mit Ornamenten.

Wo dieses Pergament, das ich nach der Fertigstellung stolz meiner Mutter übergab, abgeblieben ist, ist unbekannt. Jahrzehnte später rekonstruierte ich das naiv-romantische Gedicht, ein Frühwerk meines Schaffens, um es hier präsentieren zu können:

Sonntag im Frühling

Noch liegt er still im Tal, der See,
vor meinem Tritt flieh´n Fuchs und Reh;
der neue Tag nun sacht erwacht,
der Sonne Glanz vertreibt die Nacht.

Des Bächleins Rauschen am Waldessaum,
ein fröhlich´ Trällern auf jedem Baum;
und leise tönt von Ferne her
des Dörfleins Glocken immer mehr.

Die Alpen ragen hoch hinauf,
die Sonne nimmt nun ihren Lauf
und wandert weiter ohne Ruh
der stillen Abendstunde zu.

In Demut dank ich jener Kraft,
die gütig solche Schöpfung schafft.
Ein flücht´ges Nichts, das bin ich nur
vor Gottes Wunderwerk Natur.

Wirklich das Allerletzte

Nach der Auferstehung im Paradies:

Nachtrag(end?)

Sodale, das war´s!

Jetzatle hoffe ich natürlich, dass meine lieben Leser, Leserinnen, Leser-ESe und LesXse eben nicht **nachtrag**end sind.

Vielleicht sind sie mir sogar gewogen.

Das wäre großartig!

Positive Rückmeldungen, wie wohlwollende Komplimente, höflicher Zuspruch, nette Lobeshymnen oder euphorische Lobpreisungen nehme ich gerne über meine E-Mail-Adresse bpm@onlinehome.de in Empfang.

Bei negativer Kritik, wie destruktiven Schimpftiraden, literaturwissenschaftlichen Verrissen oder „Kackstürmen" jeglicher Art („Shitstorm" soll man ja nicht sagen, da unschicklich), ergeben sich folgende Möglichkeiten:

➢ Schreibt euch den Mist von der Seele, direkt in das vorliegende Buch hinein (wodurch eine Rückgabe an den Buchhändler ausgeschlossen ist und die mickrigen Tantiemen dennoch an mich fließen ... oder eher tröpfeln) und verbrennt das Buch anschließend im Kaminofen. Bitte nicht öffentlich! Damit hat man in Deutschland eher schlechte Erfahrungen gemacht.
➢ Packt all euren Unmut in eine lange E-Mail und schickt diese an noreply@nevercomeback.eu.
➢ Fresst die schlechten Stimmungen in euch rein, begrabt sie tief in eurer Seele und verdrängt den ganzen Schrott über Jahrzehnte im privaten Hirnhades. Sollte es dann doch mal wieder hochkommen, schnell zum Psychiater. Auf diese Weise sichert ihr Arbeitsplätze im Gesundheitssystem.

Wie auch immer. Ich hatte meinen Spaß mit diesem Büchlein und das ist ja wohl die Hauptsache.

Lesevolk, sei nicht so egoistisch und denk mal mehr an den Autor.

Ich wünsche euch auf jeden Fall das Allerbeste.

Mit herzlichen Grüßen aus der

Linsamitspätzlaondsaitawürstleprovinz,

Euer Bernd

Verzeichnis der Illustrationen

Zeichnungen von Sarah Stepien

Nr.	Zeichnung zum Gedicht ...
1	Vom Streben nach Glück
2	Vom Altwerden und Altsein
3	Das Apfelbrot
4	Der Optipessimist
5	Der Krokant-Elefant
6	Die Hausmaus ...oder... ungerechte Tierliebe
7	Kapitel 3 „Liebeslyrik"
8	Kap. „Über die Illustratorin" → Selbstbildnis mit Katzen

Zeichnungen von Bernd Peter Marquart

Nr.	Zeichnung zum Gedicht ...
1	Prolog → „Das Normative"
2	Titelillustration Cover + Kapitel 1 „Von Menschen, Menschinnen und Diversen"
3	Die Diva → „sterbende Rose"
4	Das Maibaumgartenloch → „Die Diskrepanz von Wunsch und Wirklichkeit"
5	Der Held und der Philosoph
6	Das Leiden der Zeit (Tempus fugit II)

Nr.	Zeichnung zum Gedicht ...
7	Der Geschlechter-Deal
8	Genderwahn
9	Vielfalt und Toleranz → „Die Werkzeuge der Integration"
10	Das Meisterwerk
11	Tierische Interna → „Ach! Der süße Schweinehund"
12	Die wunderliche Welt des Datensch(m)utzes
13	Trennstrich-Banderole zur „Einstein-Inflation"
14	Kapitel 2 „Limerickoide ...oder... Dürmendingsbumse" → „Die phantastische Welt der Dürmendingsbumse"
15	Der Unersetzliche → „RIP"
16	Der Herr Professor
17	Bad Emoticon
18	Einführung zur Liebeslyrik → „Die flüchtige Ewigkeit der Bauchschmetterlinge"
19	Kapitel 4 „Lyrisches Allerlei"
20	Die beherrschende M8 → „Der Untergang des PAtriArchAts"
21	Wirklich das Allerletzte

Über den Autor

Bernd Peter Marquart, geb. 1965,

verheiratet, 3 Kinder.

Studium der Literaturwissenschaft, Soziologie und Politikwissenschaft.

Abschluss: Magister Artium, M.A.

Naturwissenschaftliche Ausbildung bei der Dr. Karl Thomae GmbH in Biberach; seit 1992 Spezialist für biomolekulare Interaktionsanalytik (optische Biosensorik, SPR = Oberflächenplasmonenresonanzspektroskopie) bei Boehringer Ingelheim in Biberach.

Umfangreiche Erfahrungen als Theaterakteur und Regisseur. Arbeit als Bühnenautor seit 2001. Gründer und langjähriger Leiter der Kabarettgruppe „SAG, die Schwäbischen ApplausGeier".

Literarische Tätigkeit in den Gattungen Dramatik, Lyrik und Epik. Bevorzugt Satire und Kabarett.

Veröffentlichungen:

Theaterstücke

- ➢ „Roman und Julchen", Komödie, Impuls-Theaterverlag, Planegg vor München 2001, Bestell-Nr. VT059,
- ➢ „Der zerdepperte Krug", Komödie, Plausus-Theaterverlag, Bonn 2002, Bestell-Nr. a0056 (Hochsprache) + m0023 (schwäbische Mundart),
- ➢ „Nachbars Lumpi ..oder.. Trautes Heim, Glück allein", Gesellschaftssatire, Plausus-Theaterverlag, Bonn 2004, Bestell-Nr. a0173,
- ➢ „Die Büchsenmann-Mischpoke", Komödie, Plausus-Theaterverlag, Bonn 2006, Bestell-Nr. a0275 (Hochsprache) + m0100 (schwäbische Mundart),
- ➢ „Kommissar Kleinhans und der Tod im Theater", Tragikomödie, Plausus-Theaterverlag, Bonn 2009, Bestell-Nr. a0497,
- ➢ „Liebe – Laster – Lottoglück", Beziehungskomödie, mein-theaterverlag.de, Wassenberg 2012, Bestell-Nr. 0857,
- ➢ „Armer Einbrecher, frisch totgemacht!", Kriminalkomödie, Reinehr-Verlag, Mühltal 2013, Bestell-Nr. R340,
- ➢ „Badman und Barbie ..oder.. Lügen haben Internet", Beziehungskomödie, Plausus-Theaterverlag, Bonn 2016, Bestell-Nr. a1032,
- ➢ … und andere.

Literaturwissenschaftliches Fachbuch

Friedrich Dürrenmatt: Die poetische Kategorie der Groteske am Beispiel der tragischen Komödie "Der Besuch der alten Dame", 1. Aufl., Hamburg: Dr. Kovac Verlag, 2012 (Reihe: Studien zur Germanistik, Band 46; ISBN 978-3-8300-6465-7).

Lyrik

> Sieben Gedichte veröffentlicht in
> Bader, Wolfgang (Hg.): Querschnitte Frühjahr 2012, „früh-
> lings stimmung(s) poesie". Berlin: novum publishing, 2012
> (ISBN 978-3-99026-615-1).
> Zehn satirische Gedichte veröffentlicht in
> Bader, Wolfgang (Hg.): „novum #2". Berlin: novum publi-
> shing, 2018 (ISBN 978-3-99064-487-4).
> Das satirische Gedicht „Die Hausmaus ..oder.. ungerechte
> Tierliebe" wurde veröffentlicht in
> Liegener, Christoph-Maria (Hg.): „4. Bubenreuther Litera-
> turwettbewerb 2018". Hamburg: tredition Verlag, 2018
> (ISBN 978-3-7469-9245-7).
> … und andere.

Epik

Erzählung „Der Stromausfall" veröffentlicht in

Bader, Wolfgang (Hg.): Querschnitte Herbst 2012, Band 2, „nebel
streif–zug der Literatur". Berlin: novum publishing, 2012
(ISBN 978-3-99026-910-7).

Über die Illustratorin

Sarah stellt sich euch vor, wie folgt:

Mein Name ist Sarah Stepien, ich bin 17 Jahre alt und lebe in Nizza an der Côte d´Azur.

Meine Mutter ist Deutsche, mein Vater ist Pole und ich bin Französin, was aus uns eine sehr internationale Familie macht.

Ich spreche fünf Sprachen fließend und praktiziere sie gerne mit Freunden und auf Reisen.

Schon seit vielen Jahren liebe ich die Kunst und das Malen. Egal, wo ich hingehe, mein Zeichenblock und meine Stifte sind immer dabei. Das Zeichnen ist mein liebstes Hobby, darum möchte ich später gerne Design studieren und Innenarchitektin werden.

Die Zeichnungen für diesen Gedichtband sind meine Premiere auf öffentlicher Ebene. ... Ach, eins noch: Ich liebe Katzen!

Sarah

CPSIA information can be obtained
at www.ICGtesting.com
Printed in the USA
BVHW031516290519
549584BV00006B/36/P

9 783748 268253